建設安全屋の春夏秋冬

& 季節はずれ

中込平一郎 著

労働新聞社

はじめに

建設会社に勤務しておりましたとき、社報に安全衛生の情報あれこれを書いておりましたが、あまり興味を持ってもらえませんでした。確かに読んで楽しいことが書かれているわけではありません。少しでも興味を持って読んで欲しいとの気持ちから、安全衛生の部分をなるべく少しにして、四季のあれこれや、日常の雑感を中心とした「安全衛生ショート・ショート」なるものを記事にいたしました。安全の話は楽しくをモットーとした、いわば軽いエッセイなのですが、意外にも職員だけでなく専門工事の方からも面白いとおだてられ、締め切りに追われながら書いておりました。

安全衛生、労務は働いて頂く方々にとって大切ですが、やはり面白さめいたものがないと読んでいただけません。興味を持って読んでもらえるだろうエッセイに付録めいて安全衛生や労務の部分をこっそりと差し挟みながら、全国建設業協会のジャーナルや労働新聞社の安全スタッフ誌に寄稿させていただいたものを今回、労働新聞社の後押しもあり、発行の運びとなりました。

手に取って、面白いと感じられた部分がありましたなら、職場でのご活用を願ってやみません。

目次

第1章　時季折々へのうんちくと現場へのひと言

春

冬

第2章　安全文化考

第1章

時季折々へのうんちくと現場へのひと言

（1）今年のあやしい決意

新しい年を迎えて今年からはと、密かに決意していることを話します。いつも、「今年こそは」と何事かを決意するのですが、毎年春の頃には何を決意したのかさえも忘れる情けない始末。そこで今年は力まずに「今年からは」とやや軽めの決意にしました。そのほうがストレスはないかと自己判断。逃げ道を考えている私です。

今までパソコンに残していた日記を止め、手書きにしようと日記帳を買い求めました。短くてもいい、毎日どこにいても書ける日記帳にしたことで書き続けられると思ったのですが、悪戦苦闘しています。漢字をすっかり忘れていました。辞書をわきに置いての日記、皆さん経験がおありですか？　誰が読むわけもない個人の日記なので多少の漢字の間違いなど気にしなければ良いのでしょうが、多少ならば、それも分かります。しかし間違える漢字そのものを忘れているとは情けなさもここに極まったとしかいえません。家で雑談の折、そのことを家人に話したところ、家人曰く「それなら平仮名で書いたら良いじゃありませんか」……話す相手を間違えました。

漢字は平安の時代の王朝文化で和歌を通して、磨きに磨き抜かれて直接に言わないものの言外に感じられる余情というものを生み出した、世界でも稀なコミュニケーションツールだと思っています。平仮名で書いたのでは意味が薄められてしまうと信じているからこそ辞書をわきに置いて苦労をしているのです。

テレビなどで使われている言葉は最近、漢字で表せないような言葉が飛び交っていると嘆くのは齢《とし》のせいだと思いつつも、今から120年前に高山樗牛《ちょぎゅう》が書いた漢文美文調と称される「瀧口入道《たきぐちにゅうどう》」を読み返すと、なんと素晴らしく美しい日本語だろうと感じ入ってしまいます。言葉は時代とともに変化するとはいわれるものの、たかが120年でこんなにも変わるものかと驚きです。

さて私の「今年からは」が長続きするのか今から不安の種を抱えております。皆さんの今年が良い年でありますように祈念いたしますと同時に、拙文《せつぶん》にお付き合いのほど、よろしくお願いいたします。

(2) 注連《しめ》の内

歳時記などにはトンと縁もなく季節感を喪失してしまったかのような最近の日本人。寒風なにものと薄着の人、汗をどこに閉じ込めたかと思わせる厚着の夏の人。そんな人でも戸惑うだろうと思われるのが、新年7日を過ぎて初めての人に会う時の挨拶。「おめでとうございます」にするか「こんにちは」にするか……。

いっそのこと、いつまでをお正月として国で決めてもらえないだろうか？　皆さんはこんな風に迷ったりしたことはありませんか？　「松の内」について調べましたら、お正月の松飾を取る日は地方によってずいぶん異なっています。

普通は「松の内」は7日までで7日の松送りが済むと8日から「松明け」となりますが、4日に「松引き」をするところもあり、東京では6日を「お正月の別れ」とする伝統が強く、江戸の頃の町触れでは「松飾り明七日朝取り申すべきこと」と記されています。

一方、15日までの小正月を「松の内」とか「注連の内」とする地方も多く存在します。また、元旦の大正月を「男正月」、15日の小正月を「女正月」とする風習や、三が日に対して4日を「嬶《かかあ》正月」と呼ぶところもあります。

いずれも男性本位時代の一種の生活の知恵であったのかもしれません。「女の年始は三日まで」などとの言葉が残っているのも名残の一つかもしれません。いまでは「男の年始が三日まで」になった感がありますが……。

「松の内」が昔ほど、あるいは農村ほど長かったのは農耕社会の秋の収穫と春の農耕開始の冬籠りの期間に当たっていたためと思われます。

今では、いつまでも正月気分ではおられず、「正月三日に盆二日、節句一日、事日半」とけじめがうるさくなってきました。さて挨拶はどうしたものやら。

〈現場へのひと言〉

1 建築とか土木って言葉はいつから？

私たちの業界で使う建築とか土木という言葉は誰がいつごろから使い始めたのでしょうか？　それぞれ専門を学んだ方々はもちろん知っているでしょうが、意外と知られていないのです。

建築という言葉がはっきりと使われたのは明治からでした。明治・大正の著名な建築家である伊藤忠太氏が英語のアーキテクチャーを建築と翻訳したとされています。以前から言葉としてはあったものの、今でいう建築は造家と言われていました。彼は橿原《かしはら》神宮、平安神宮、明治神宮など多くの建築設計に携わった人として知られています。彼の翻訳以後、一般的に建築なる言葉が世に使われるようになりました。

一方、土木なる言葉の由来は中国・漢の時代紀元前１５０年ごろでしょうか。思想書として書かれた淮南子《えなんじ》の中の一文から土木という言葉が生まれたとされています。どのような経緯かはわかりませんが日本で残っている書物で、鴨長明《かものちょうめい》が書いた方丈記に土木という言葉が最初に使われているそうです。１２１２年ごろでしょうね。方丈記と言えば鴨長明が京の下鴨神社の一隅に１丈《じょう》（約３ｍ）四方の小さな庵《いおり》を建て、そこで書かれたので方丈記と名付けられたのは有名です。

下鴨神社に詣でた際に復元された庵を見ましたが大変小さく驚きました。方丈といえば10尺四方、わずか9.2㎡。京畳４畳半です。こんなに狭い空間を生活の家として使い、なお世に残る書を書いたのかと改めて驚きました。

② いつものように

普段やり慣れている仕事は頭ではなく体が覚えている部分が多いかもしれません。いわゆる仕事が身についた状態でしょう。とは言うものの労働災害の被災者の経験年数別では10年、15年以上の人々が多いのはなぜでしょうか？　人間には思っていることと異なってしまう動きをしてしまう特性があります。考えと異なる行動によりエラーをしてしまう人間特性でしょう。どれほど慣れた仕事であっても注意力がいつもついて回ってくれるとは限りません。集中し、手順を確認することを決して怠らないでください。

慣れに身をおきながら作業をすることの怖さは多くのベテランと呼ばれた技能工の災害が教えてくれています。いつの年も災害に遭うこともなく、他者に危険を与えることなく安全な年でありますようにと願っています。

（3）東風《こち》吹かば

1月も半ばを過ぎてお正月気分も抜けるころになると受験のシーズンです。「東風《こち》吹かば匂いおこせよ梅の花、主《あるじ》なしとて春な忘れそ」の和歌で有名な菅原道真。彼を祭った天満宮は合格祈願の受験生で今年も混雑していることでしょう。

菅原道真の家系は代々学問の家として、道真自身も学問をもって朝廷に仕えていましたが、だんだんと政治の世界にも影響力を振るった結果、藤原時平の讒訴《ざんそ》にあい、九州の大宰府に左遷をさせられました。2年後、恨みを呑んで大宰府の地で亡くなり、遺骸を乗せ牛車《ぎっしゃ》で運ぶ途中、牛が動かなくなった場所を墓として、後に大宰府天満宮としたことは知られています。

さて、道真の死後、彼の政敵であった藤原時平はわずか39歳で病死。その後も道真を追いやった醍醐天皇家（時平と姻戚）に災厄が続き、清涼殿で会議のさなか落雷があり多数の死傷者が出るにいたって、一連の出来事は道真の怨霊のなせること、祟《たた》りよ、と朝廷は恐れました。死後30年たって正一位太政大臣を追贈したところをみると、よほど怖かったのでしょうね。

以前から怨霊を神としてあがめることにより、災いから逃れようとの怨霊信仰があり、道真は雷神（天神）として神格化され、天満宮に祭られるようになりましたが、もともと学問の人として知られていたところから、今では恐ろしい雷神ではなく学問の神様として信仰を集めています。

東風吹かばの「梅」ですが、道真が大宰府に流されたとき、京の都から道真の屋敷に一夜にして梅の花が飛んだ「飛梅《とびうめ》」の伝説によるものです。ですから、あちこちの天満宮には必ず梅の木が植えられています。ちなみに東風とは、立春以降の春風のことです。

〈現場へのひと言〉

3 段取り八分

普段なにげなく使っている「段取り」。この言葉はどうやら芝居の世界で使われていたようです。芝居の筋の運びや組み立てを「段取り」と言っていました。

段取りでは、その仕事をどんなやり方で、何を使って、どのようにするのかを決めてゆくわけですが、現場は大勢の作業員が一緒になって仕事をします。全員が今日の仕事をどのように、いつまでに、を共通して認識してこそ「段取り」ができたといえます。単に材料や人の手配ですまさないでください。

シッカリとした段取りは安全だけでなく、仕事の進みも良くするはずです。人に任せっぱなしにせず、一人ひとりが仕事の一員として段取りに加わってください。皆さんの仕事は格段に流れがスムーズになり、焦りのミスや危険源の見落としもなく、後戻り作業からも解放されます。

4 もし作業の段取りが変わっても

どこの作業所でも作業の打合せをし、それぞれの職方に指示を出したり材料の手配をしています。しかし、その打合せどおりに毎日が進行するとは限らないのが建設作業所です。その理由として、施主の意向・天候・打合せ内容の不備などがあげられます。

もし作業の段取りが変わって、違う内容・仕事を命じられたら、必ず**安全な状態で仕事ができるかを確認してからでないと作業を行わない**ことにしましょう。そのやり方次第で命を落とすかもしれないからです。

作業の変更の多くは打合せがシッカリとされていないことです。バタバタとした仕事ほど安全から程遠く、災害が待ち構えているものです。一度決まった仕事の段取りが変わると気分が冴えません。そんな時「さっさとやってしまおう」と腹立たしく思いながら仕事をしたことはありませんか？ どこの作業所も年度末ともなるとテンテコマイの忙しさでしょう。だからといって安全無視・ルール無視は決してしてはなりませんし、その指示に安易に従ってもなりません。

最後まで安全であることこそ、本当の安全作業活動です。

（4） 雪のあとさき

日本の四季には、それぞれの味わいがあります。春になり梅・桜の時季から咲き乱れる花の季節は命の胎動を覚えますし、夏、高く発達した積乱雲や蝉時雨には開放感を、木々の葉が紅葉する秋は、銀杏の黄色が風に舞う様の美しさに感動します。そして冬、木枯らしが吹くごとに枯葉が落ちて木々は幹と枝だけの姿になります。雪が降って丸裸の木に冬の華を咲かせ、地表に白い化粧を施《ほどこ》し、シンと静まり返った世界を創り出してくれます。

豪雪の冬には雪降ろしで多くの人が災害に遭われます。日本人は雪にどんな印象を持つのでしょう？　豪雪地帯に暮らす人々には白い悪魔と映るのでしょうね。温暖化が進み、めったに雪を見ない人々には舞い落ちる雪は微小の天使の踊りに見え、白く覆い隠された景色は、いつもの世界とは違った幽玄の世界を感じ取られるかと思います。その雪は、降っているときはロマンティックな気分やワクワク感を与えてくれ、雪化粧に感激させてくれます。しかし雪の後は、交通機関の混乱や、歩行に困難をきたし、そして凍ってしまった残雪は、やっかいな存在でしかありません。町の乱雑さを消してくれた雪も、迷惑なものとしか思われないのです。私たちには、美しいものは、美しいままでいて欲しいという勝手な思いがあります。汚いものを覆い隠してくれる雪は、その時だけ嬉しい季節の贈り物なのでしょう。

皆さんの働いている作業所は美しいでしょうか？　整理・整頓が行き届いているでしょうか？　訪問者が来るとき、パトロールがあるとき、雪の代わりに養生シートで、片付いていない場所を覆い隠していないでしょうか？

覆い隠すなどという一時しのぎに頼らないで、いつも整理・整頓の行き届いた作業所にして欲しいと思います。

（５）コレハナンデスカ？

私はかなりの本好きだと思っています。どんなジャンルでも面白そうと思ったら、まず読んでみます。最近はサスペンスものにはまって、出張先には必ず２冊の文庫本を持っていくことが当たり前のようになりました。

ハードカバーの本は何年か前の「舟を編む」が最後となっています。ベストセラーになった本なので、お読みになった方も多かろうと思います。内容は辞書編さんをテーマにした小説ですが、読んだ後、日本人向けに日本語の辞書を作ることの難しさを知りました。小説は「これはフィクションです」の断りを書けば、あとは何をどう書こうと勝手です。しかし辞書はそうではなく、一つの間違いも許されない厳しいものです。

正しく日本語を理解していないことを思い知らされた事件が出張途中でありました。乗り合わせた外国人が、手にした本の箇所を指さしながら「スミマセン、コレハナンデスカ？」と尋ねてきました。そこには、「はたと膝を打った」の文字。なんとか説明をしましたが、なぜ日本人は膝を打つのかと重ねての質問。面倒くさいと思いつつ、正座の文化のなかで生まれたと言ったものの「多分ね」を加えなければなりませんでした。しばらくして「ちゃらんぽらん」を説明しなければならなくて苦労しましたが、その日の自分の運の悪さを密かに嘆きました。

日本人でありながら、日本語を身振り手振りしながらでないと説明できないとは、かなり怪しい日本人だと、我ながら思いました。もう少し辞書を大切にしようと思うこのごろです。

（6）手書きの効用

先日、小学校時代の担任の先生からハガキをいただきました。私が通った学校は1年生から6年生までクラス替えをしなかったため、幼稚園時代からすると随分と長く同じ顔ぶれであり、なんとなく兄弟のように育ちました。町内に残った仲間が幹事となって先生をお招きし、いまだにクラス会が2年に1度行われています。先生も米寿を迎え、電車に乗って足を運んで頂くのもお気の毒ということになり、先生のお住まいの近くを会場としました。後日、その時の礼状が届いたのですが、しっかりとした筆致で書かれていてお元気なことがうかがえます。最近は私たちの日常から手紙の類が姿を消したと思っていた矢先のことでしたので、インクで書かれたハガキがとても懐かしく、そして温かさを感じさせてもらいました。

何時《いつ》のころから便箋やハガキを使ってやり取りをしなくなったのでしょうか？　ハガキと聞けば年賀状とダイレクトメールくらいしか思い浮かばないほどに過去の通信手段になった感がします。

普段はパソコンから打ち出された文章を手にし、あるいはメールを読んで手紙の代用としていますが、手書きのものを頂くと、ふと、肉声に接したような気がして嬉しくなります。字を見ると書かれた人のおおよその健康状態も推測ができるし、なにより手を煩わせて書いてくださったことへの有難味みたいな感情が湧きました。これからは手書きのものを頂くことばかり期待せず、自分も忘れてしまった覚束《おぼつか》ない漢字を拾い集めながら書こうと思います。長いものでなくとも、ちょっとした日常を書き送るだけでも心が休まるような気がしませんか？

ハガキの由来は乏しい知識では多羅葉《たらよう》の木の葉に文字を刻むと黒く浮かび上がるので、この葉を利用して通信文としていたことから葉書と呼ばれるようになったと思っていましたが、江戸時代に紙の端に書くことから端書と呼ばれ、それが詰まってハガキと呼ぶようになったとか……。それはさておき、字の上手下手も味わいのあるものです。皆さんもたまには手書きの手紙を書かれたらいかがです？

（7）働き蜂の悲哀

蜂の世界では、働き蜂はひたすら餌となるものを休みもなく巣に運び、外敵を攻撃するだけの一生です。そこから比喩として家庭のためにせっせと会社で働いているサラリーマンを働き蜂と呼んだ時もありました。働き蜂は働くことを知っていますが、休むということを知りません。人間世界の私たちは休むことを知っていて、休みたいのですが働くことに慣れて、悲しいかな休み方を知らない人たちのなんと多いことでしょう。皆さんは年末年始の休暇をどのように過ごされていますか？　子育て世代の人は家庭サービスのためにあちらこちらと出かけ、どっとお疲れになるのではないでしょうか？　まあそれも楽しい思い出としましょう。

さて、子供が成長し自分だけの休み、それもやや長い休みを得たとしたとき、有効に過ごしたと感じられた人はどれほどいたか興味を覚えるところです。朝はいつものように自然と目が覚めてしまい（これが意外と悔しい）、これといってすることもなく夕方を迎えていたのが私の休日でした。

もともと計画などを立てようとする気もなく、休日当日を迎えていませんか？　ゆっくりと過ごすのもよろしいでしょう。どこかに出かけるのもいいでしょう。部屋の模様替えもなかなか骨の折れることではありますが、気分一新に効果のあることだと思います。いろいろと考えれば、わりと長い休日にしたいことはあるのですが、日常に追われまくった働き蜂は休日には考えたくもなく、それゆえにボンヤリと過ぎる日を至福の時間と感じているのかもしれません。それでいて休日が終わるともったいないことをしたとわが身を振り返るのが習慣となっているようです。

今年もまとまった休日がありますが、どうやって過ごすのかを今から考えませんか？　今年の自分への課題として働くことを知って休み方を知らない自分から脱皮しようではありませんか？

「あ〜考えるより寝ていたい？」それも結構かもしれません。

〈現場へのひと言〉

⑤ 移り変わる危険源

同じ作業を日々くり返していると、仕事の刺激や安全に対して感覚が鈍くなりがちで、災害の危険が増してきます。

作業所ではさまざまな職種による、さまざまな作業が行われ、作業所の環境は日々、刻々と変化をしています。「今日も同じ仕事だから、昨日と同じことに気をつけていれば大丈夫だ」は、大いに危険な考えです。

作業の内容は同じでも、危険な場所や周りの状況は変わっているのです。毎日、新しい気持ちで作業現場を見つめてください。そこには、昨日は存在しなかった危険な場所があるかもしれません。

危険源は移動したり、増えたり、減ったりしています。それを意識し、災害防止を怠らずに作業をしましょう。

⑥ 注意力の波動

「注意力が足りない」とか「注意しろ」は作業所での決まり文句です。私たちは注意力についてどれほど確実な期待を持っているのでしょうか？　仕事にせよ、安全にせよ、そのことについて言われたことに注意をするのは誰しも同じです。ですが、それを維持できるかといえば否定をしなければなりません。人間は真っ直ぐな状態で注意力を持ち続けることはできないのです。

何かをしている中で物音がしました。何だろうと思うでしょう。その時、注意力はたるんでしまい波をうった状態になります。これからの仕事を考えたとします。その時、注意力は張り詰めた状態ではなくなります。一つのことに集中し続けることは困難です。だからこそ、常に安全状態を確認・保持しなければなりません。手すり、作業床、保護具、上下左右の危険の有無について作業前に確認を行わなければなりません。自分の注意力を過信することは危ないことだという事実を受け止めていただけませんか？

7 一点集中の危険

作業に気をとられるあまり、私たちは周囲の危険を忘れる傾向にあります。目の前の仕事をこなすことにガムシャラになるのは誰にもある特性です。でも、それって安全でしょうか？　仕事と安全の両立は頭の中で分かっていても、その場面になると、仕事に呑み込まれてしまうことが少なくありません。確認をしてください。

自分の手、足がどこにあるのかを必ず確認して欲しいと思います。痛い思いをするのは、作業をしている方々です。常に自分のいる場所の状況を頭に入れましょう。その作業が終わったからと、いきなり動くのは止めましょう。人間は無意識に行動するとき一番危険な状態になることを忘れないでください。

8 決まりごとについて

集団の中で自らも参加して決まったことを守ることは「人に迷惑をかけない。みっともないことはしない。後ろ指をさされない」を行動規範としてきた私たちにとって当たり前のことです。それなのに現場において依然として意図的な違反行為があるのは、なぜでしょうか？

仲間は決まり事を守ってくれると信じています。その仲間を裏切ってまでしなければならないほど意味のある違反行為などあるのでしょうか？　みんなで決めたことは、それ自体たいしたことでなかろうと、守ることが集団作業に求められることではないでしょうか？

（8）鶯《うぐいす》の初鳴き日

立春を過ぎると暦の上では春。だからといって暖かさは微塵も感じられないのが新暦のいたずら。北国は積雪の高さが増す時季です。鶯は早春のころ鳴き声が聞こえるところから、春告げ鳥とよばれていることは世に知られているところです。「ホーホケキョ」の声を聞くと春が来たと思わせる特徴のある鳴き声です。他の鳥もどこかで鳴いているのかもしれませんが、季節を感じさせたりはしないのはなぜでしょうか？

気象庁では季節感の指標として生物季節観測を行っています。決まった生き物を同じ場所で観測することによって季節の進み具合を調べる、割と手軽な観測方法だそうですが、新聞、テレビなどでは梅が咲いた、桜が開花したと記事になっているのをご覧になっていると思います。鶯も生物季節観測に選択されていて、初めて鳴き声を聞いた日を「鶯の初鳴き日」とよんでいます。

耳触りのいい「ホーホケキョ」ですが、あの鳴き声は私たちには春を感じさせ、気持ちもほんのり温かい風情あるものですが、実際、当人（鳥を当人とは妙な表現ですね）は、かなり戦闘モードに入っているときの鳴き声と教えられました。「ホーホケキョ」は、ここは自分のテリトリーだから侵入するな！と威嚇しているのだそうです。選挙カーに乗って「○○をよろしくお願いします」と声をあげている女性をウグイス嬢と呼んでいますが、美声だからでしょうか？　それとも戦闘モードだからでしょうか？　多くの自治体は、鳴き声に魅せられて鶯を自治体の鳥として採用しています。乱獲と環境の変化で数が減ってきており、鳥獣保護法で捕獲・飼育も禁止されています。せめて耳を澄ませて春告げ鳥の声を聞こうではありませんか。

（9）　風情楽しむ一人旅

今の仕事をするようになってからというもの講演などで日本全国を回っています。本来の旅とは縁遠いのですが、行く先々で目にする風景は時に感動を覚えます。ただ一つ愚痴を言わせてもらえば、常に一人行動なので、感動をともにする相手がいません。スマホで写真を撮り記憶に留めるのが精一杯。そんなことをして何年かたちました。

駅に降り立ち感じることは、その土地が持つ独特の雰囲気であって、そこに暮らす人々の生活を垣間見ることができます。語彙《ごい》の乏しい私の表現では伝えきれないもどかしさがありますが、なんというのか気候がその土地に住む人々の性格までつくり上げている。そんな印象を持つようになりました。哲学者、和辻哲郎の「風土」は、なるほど正しいと納得させられたりもします。城下町にはそれなりの風情や歴史を感じては武士《もののふ》が行き交ったであろう道を歩き、また繁栄を誇った町が取り残された状景を見ては時代の移ろいに感傷を抱いたりもします。そんな、自分らしくないセンチメンタルな気分に浸っていられるのは、一人旅ならではと思ったりします。

都内にいると、どこもかしこも画一化された都市だろうとの先入観がありましたが、やはり地方には、そこならではの風情を感じます。何気なく入った居酒屋で土地の酒を頂き、肴を口に運びながら、明日の仕事のことを少し考え（セミナー主催者の方には申し訳ない）、隣合わせたお客さんに町の話を聞くのが、知らない町での楽しい時間です。でも、その雰囲気を満喫できないまま土地を後にする日々を残念に思います。

以前は旅の友は旅行鞄でしたが、キャスターなるものを使い始めてからは専らガラガラと鳴るキャスターに着替えや資料を入れて一人旅の私の道づれにしています。絵心を少しでも持ち合わせていればスケッチブックを忍ばせるのでしょうが……。同じ仕事をしている友人は俳句などを作って悦に入っています。旅先での無趣味はさみしいものです。今年から日記帳は旅の必携となりました。

(10) 旅に病んで

芭蕉の「旅に病んで夢は枯れ野をかけ廻《めぐ》る」を気取ったわけではありませんが、先だって私、病んだのです。仕事柄、出張が多いためなるべく健康には注意をしていたのですが、発熱しました。出かける間際に体調の変化を感じて、かかりつけの医院で薬をもらって飲んだにも拘《かか》わらずです。

さて、旅先で病むのは心も体もなんとも弱りはてることだと知りました。「明日の仕事ができません」とは言えないのです。理由は一人親方。急な変更ができないため、這ってでも自分で研修を行わなければなりません。

「いつも体に油断をさせない」今年最初の学習をしました。その時、私は愛媛県松山市におりました。

松山は夏目漱石の同窓生として多くの文学的影響を与えたとされます正岡子規の故郷です。漱石が旧制松山中学に赴任したのは、おそらく子規がいたからではないでしょうか？　また子規の家には高浜虚子もいて、漱石はこの2人と交流をするなかにおいて、この地で多くの俳句をつくり、やがて文学への道を拓《ひら》いていったものと思われます。

彼が人間として、また文学者として成長をとげた松山で、私は何をしていたかといえば、薬で満腹になった腹をさすりながら風邪に苦しんでいたのです。漱石と比べるも恐ろしいことながら、この違いに一層、気落ちしたものです。

(11) 言葉があるから伝わる？

生き物の多くはさまざまな伝達手段を持っています。鳴き声であったり、触覚であったり。そして人類は言葉を持っています。もし人類が言葉を持つに至らないままであったら、地球を確実に支配できたかは疑問に思えるのですがいかがでしょうか？

人類発生の地はアフリカであるといわれます。そこで誕生した人類は何万年という時間をかけて地球の各地に移動をしました。その移動の地で、さらに言葉は特殊性を持つようになったと考えられます。気の長い年月をかけて自分たちだけに伝わる手段としてさらに文字を創りました。

言葉＝会話と文字を持った人類は離れた場所にいても世の中の出来事を知ることができ、さらにその情報などを残すという画期的な方法を思いついて、文明は飛躍的に進歩を遂げたのではないでしょうか？　文字とは記録ができる素晴らしい発明だと思います。現代人が過去に何があったのかを知ることができるのも記録があったからですね。

今年の密かな決意として日記を書くことにしたことは前に書きました。お陰様でなんとか継続しております。その日の出来事をなるべく簡潔に書くだけであって、心の内を書くなどということはありません。

なぜなら、むかし興味本位でニーチェを読んで、さっぱり理解できず途中で投げ出して、自分にはそのような思索行為は無理であるとの結論があるからです。だいたいニーチェの言う「内面への沈潜」などを試みたなら、私はたちどころに意識朦朧《もうろう》となり寝入ってしまいます。短くても出来事を書く。古代人がしていたことの原点、それが私の日記です。だから日記帳でなくても手帳でよかったかもしれません。

家の彼岸桜が咲きました。早速に日記に書きました。日本人はなんと桜が好きな民族なのでしょう！　桜が咲くころ日本は、やれ花見だ、やれ観光だと心浮き立ちます。桜をテーマにした小説や和歌は多数あり、それらは私たちの心情にさまざまに訴えかけてきます。そして、優れた詩歌は短くても脳裡に情景が映し出されるのです。そんな詩を一つ。杉山平一氏の一行詩「旅」。

桜の花は、田舎の小さな駅によく似合う

9　考えを「しまわない」

「もの言わざるは腹ふくるるわざなり」今から約８００年ほど前、散文や出来事を書いた「徒然草《つれづれぐさ》」で有名な吉田兼好法師が言ったとされる言葉です。現代文でいえば、「言いたいことがあるのに、黙って言われっぱなしだとストレスがたまりますよ」となるでしょうか。

仕事でもなんでも自分の考えはしまっておかないで話をしましょう。私たちの仕事は人の集まりのなかで行われます。ぜひ、あなたの意見を述べてください。あなたの意見をほかの人は知りたいのですから。コミュニケーションは仕事にも安全にも欠かすことができないのです。

10　監督ってなんだろう？

作業所で行う職長の職務として、監督と指導があるのをご存じでしょう。では監督とはなんでしょうか？　何を行うことが監督した、あるいは監督をしていることになるのでしょうか？　監督の監は通常、文字の形から皿かんと呼ばれますが、監には鑑《かがみ》や手本、先例と照らし合わせて考えるという意味があります。

つまり監督とは決まりごとや正しい作業方法で仕事をしているかを見てまわり、基準から外れた行為を是正させることです。指示をしたきり、それきりでは監督をしていないことになります。管理監督の立場にある人は、自分の指示を守っているかを常に見てまわってください。自分の指示は必ず守られるというのは、もしかしたら単なる思い込み、誤解かもしれません。

⑪ 安全衛生計画を考える

多くの企業の会計年度は、4月スタートだろうと思います。新年度のさまざまな経営方針が打ち出されるその中に、安全衛生計画があります。昨年度の不具合を低減するために、新しい計画をたてられることでしょう。そこで考えますに、できることを計画とする、当たり前のことを念頭に置かれることを期待します。もちろん、努力を要しなくていい範囲ではありません。安全衛生がより向上するために、必要な努力は当然ながらなくてはならないでしょう。

申し上げたいのは、計画を誰が行うのかを意識して、主体となって行う人々にとり、可能であるかを吟味していただきたいということです。姿、形を追い求めるのではなく、少し不格好でも、その計画が従業員や関係者に「やってみよう」と思ってもらえることが大切なのではないでしょうか？

建設業労働災害防止協会で進めているコスモス（Construction Occupational Health and Safety Management System）でも謳《うた》っているように、従業員の意見を反映していただきたいと思います。計画がうまくいかないと感じたら、支障のある部分を見直せばいいのではありませんか？　変えないのもやり方ですが、変えるという選択肢もあっていいのではありませんか？

⑫「応援」だめなの？

建設現場で人手が足りず工程が間に合わなくなって同業他社から従業員を借りる「応援」について考えてみました。

普段何気なく行っていることが法律に抵触していたなどということは皆無ではありません。応援も同業者間の、いわばその場しのぎの相互扶助の側面として、違法性の認識などなく行われてきたものです。

しかし悪気がないとしても応援は職業安定法および労働者派遣法に抵触する違法行為です。人を使用するとは使用従属関係が成り立たなければなりません。応援にはそれがないのです。使用従属関係とは同一会社・組織に属していて、指揮命令はその所属している会社・組織から行わなければなりません。

応援は頼まれて、同業他社に従業員を送り、そこの他社の指揮命令を受けて、他社のために働かせる。しかし給与は自社で支払う。この構図に使用従属関係もしくは使用従属性があるとはいえません。

建設業は長い不況にあって賃金低下だけでは雇用継続もできなくなり、断腸の思いでリストラを行いました。少し景気が上向いたからとすぐに雇用拡大する勇気は、おそらく経営者にはないでしょう。無理からぬことと思います。解雇することはさぞ辛い判断だったと思われるからです。

ところが状況は一変しました。東京オリンピックなどへ向け仕事が増えています。今や現場の工程を確保できない障害となっている人手不足を、どのように解決したらよいかに経営者は頭を悩ませています。それで「応援を」となるのですが、そもそも応援は短期の労働者移動です。現実的な解決は応援部隊に職長を必ず組み込むことでしか解決できません。

自社の職長が応援先の職長と打合せを行い、自社職長が自ら応援の作業員に指揮・命令を行う。このやり方しかないわけではありませんが、待ったなしの状況では職長を付けることしか思い浮かびません。

もし、1人だけ応援を頼まれたら、職長が行く以外ありません。あちこちで行われている違法行為を知っていただきたく、取り上げてみました。

(12) 桜にまつわる話

平安時代以前、単に花といえば「梅」でしたが、平安以降は花といえば桜をさすようになりました。その理由は定かではありませんが、多分、桜の花の見事さに「梅」が花の座を奪われたのではないかと思われます。日本最古といわれる桜は、山梨県にある「山高神代桜」が樹齢2000年の長きにわたり花を咲かせています。この山高神代桜を含め福島の「三春桜」岐阜の「根尾谷の薄墨桜」は大正11年に天然記念物に指定され、それぞれ1000年以上の樹齢を誇って、毎年、多くの観光客の目を楽しませています。

こんなに有名ではなくとも、自分の出身地にも素晴らしい桜があるなど、心の中に残る「桜」を持っている人は大勢おられるでしょう。日常、私たちが街中で目にする桜の多くは、江戸時代に改良された「染井吉野」で、この種の樹齢は約60年と短く、樹齢の長いものは「吉野の桜」に代表される「山桜」です。いったいどれくらいの桜の種類があるかといえば、２９０種を超える種類が見つかりました。正に日本人にとって桜は特別なのだと思わせます。小説にも「桜」をモチーフとして取り入れたものが多く見当たります。その一つ瀬戸内寂聴さんの小説「しだれ桜」をフリーアナウンサーで「語り部」として活躍している平野啓子さんの朗読で聞き、夜桜のすごさが大変印象に残りました。

受験シーズンも終わり、「桜咲く」の合格者もいれば「桜散る」悲しい受験者も出たことでしょう。悲喜こもごものなかで使われる桜での表現ですが、「散る」よりも「舞う」との表現が宜しいとする意見もあります。しかし、日本人の感性だとやはり桜は「散る」ほうが心に訴えかけるのではないでしょうか？

植物は踏まれても、折られても芽を出し、枝を張って新たな成長をしてゆきます。震災や大雨などで被災された方またその関係者の方々、ぜひとも苦難を乗り越えて頂きたいと祈るばかりです。

(13) 春待人

いつものことながら、春は桜の開花がニュースになります。どこそこでは桜の蕾が膨らみ始めた、四国で開花したなどと、桜の話題に溢れています。

気象庁が開花宣言をいつ行うか頭を悩ますのもこのころです。いったいに日本人は桜が好きなのと、桜とともに訪れる春を待ちわびる気持ちが強いのでしょう。日本は温帯気候のくくりにあるのですが、決して、冬でも暖かいわけではありません。ですから春を季節の中で一番待ちわびる気がします。農耕民族だったからでしょうか？ 早く春になって田畑で仕事が出来る日を待つ。そんなＤＮＡが日本人にはあるのかも知れませんね。

日本三大随筆の一つと呼ばれる清少納言が書いた「枕草子」の第一段は、「春はあけぼの……」から始まります。春は、夜がしらじらと明け、山に重なる空にかかる雲が紫がかって、細くたなびくようすがいい、という内容です。平安時代でも春が待ち遠しかったのかはわかりませんが、特に桜がいいとは言ってはいません。でも昔から花見を楽しんだことでしょう。

少し脇道にそれますが、枕草子は学校の授業で教わったと思います。私はゼンッゼン読めませんでした。今の日本語にはない言い回しが書かれていると腰が引けてしまいました。随筆は今で言うエッセイですよね。清少納言、鴨長明、吉田兼好らは、いわばエッセイストなのでしょう。さて狭い我が家の庭にも椿やモクレン、桃、山桜桃梅《ゆすらうめ》の木に花が咲き始めました。桜ですか？　桜は家人が大きくなるからと、許可もなくやたらと切りまくって顕微鏡で見なければわからないほどに咲いています。待ち続けていた春もそこまで来ています。

(14) 春疾風《はるはやて》

4月、細長い日本列島は、冬と春の2つの季節の中にあり、桜のたよりは北国にはまだ届いていないと思います。春疾風とは俳句の春の季語です。前線を伴って低気圧が通過するときの強風をこんな言葉で呼ぶのだそうですが、屋外で働くことの多い建設の仕事では、迷惑な風のひとつでもあり、桜の花を散らす風でもあります。もっとも桜は散る姿がキレイだと思う人もいますから、一概に悪いとも言えないのかもしれません。低気圧が次々と通り過ぎるうちに本格的な春がやってきます。木々の緑が目に付き始めるのもこの頃からでしょう。

年度末の慌ただしい時期を超えて4月を迎え、今年度の安全計画に新たな行動目標が加わりましたか？　特に目新しいものでなくても、昨年度の不具合を検討して作られた計画だと思います。その計画を紙に書いたまま、壁に貼るのでは意味がありません。担当者は、この計画はどういう意味で作られたかを説明し、みんなで仕事の中に生かしてください。

19世紀から20世紀初頭まで、欧米では「人は条件を変えてあげれば生産性が向上する」こんな理論（科学的管理論）がもてはやされていました。その実証をアメリカの電気メーカー、ウエスタンエレクトリック社のホーソン工場で行った結果、条件などではなく「人間関係や目標意識に生産性は左右される」との結論にいたりました。それ以降、人の目標意識や参加意欲といったものに重点をおいた（人間管理論）が現在まで続いています。

あなた自身が組織の一員として計画の達成に欠かせない存在であること意識してください。「誰かがやる」のではなく「自分がやる」。それが計画、すなわち無災害を達成し、気持ちのよい職場の人間関係づくりにつながっていきます。春は物事の始まりの意味があります。4月、まさに物事の始まりです。今年も災害ゼロに向かって頑張ってゆきましょう。

(15) 混乱のパスワード

パスワードに混乱しているのはもしかしたら私だけかもしれませんが、今の時代、カードやスマホやパソコンを日常的に使うのは当たり前になってきました。それらを使おうとすると必ずと言っていいほどパスワードを入力しなければ先に進めなくなる設定になっていますが、スマホやタブレットを買い替えてアドレスやパスワードを変更して、それらが幾つも存在してはいませんか？　すべてのパスワードを同じにすることは危険だといわれて、本体だけでなくアプリケーションに対応するパスワードも無数に存在しています。普通は本体に〇〇は××とメモして間違えないように管理しますね？　問題は買い替えたりしたときにきちんと移すのを忘れてしまって、どれにどのアドレス、パスワードなのかが分からなくなってしまった時です。

先日、タブレットに不具合が生じ、修理を依頼したのですが、アドレスがヒットしません。購入したときに書いたメモが見つかりません。かなりの時間をかけてプロに変更してもらいました。皆さんはこんな経験はありませんか？　まわりが電子化されて便利になった反面、自分のものでありながらアドレス・パスワードを忘れたために再手続をプロにしてもらわなければならず、すぐに使うことができない不便さを感じます。いわゆる鍵を失くした状態でしょう。先日の失敗をまた起こさないように私がしたことはすべてのパスワード・アドレスを一枚のメモに書き、それを写メに撮って、スマホに保存しました。もはや管理は写真を使って行っています。でも万が一、間違って写真を削除してしまったらゲームオーバーですよね？　すべてが数字やアルファベットでないとダメになった現代は、忘れることが許されない時代です。

皆さんはどのような管理をされているのか興味深いです。

(16) ありがとうの数

先日、毎年お招きを頂いている会社の安全大会に伺いました。当日、社長さんが挨拶をされているとき、お顔を拝見しておりますと、とても嬉しそうな表情なのです。話の中で「ありがとうございます」を繰り返されたのですが、心から言っておられるのが伝わってきました。何故なら表情は相手から受け取る情報の一つですから。そして不届きなゲストである私は、いったい人は「ありがとう」を自分から言う数と言われる数はどちらが多いのかを考えてしまいました。

私は「ありがとう」を言う数が多いと思っています。もちろん相手から「ありがとう」を言われることもありますが、言うほうが多いのだろうと思います。振り返りますと、多くの先輩・同僚から教えていただいて仕事を覚え、間違いをカバーしてもらい、日常ではいろいろな形で年配の方（自分もかなり年配ですが）、若い方たちに親切にして頂いてきたからこそ、「ありがとう」を言う数が多いのでしょう。多くの人に支えられてきたからこそ、その言葉が出て、一人では決して成長出来なかったのだとも思いました。

また相手から言われる「ありがとう」もうれしいものですね？　仕事を頂き、代金を頂き、なおかつ「ありがとう」を言われる仕事は多くはありません。普段、買い物をして、お金を払って私たちは「ありがとう」をいつも口にするでしょうか？　建設の仕事はいい仕事をすれば相手が「ありがとう」を言ってくれることが少なくありません。喜ばれる仕事をしたとき、自分も相手さんもお互いに「ありがとう」ですね。そんな仕事をしてゆこうではありませんか。

(17)　青い鳥症候群に気をつけて

フランス、ドイツ、オランダ、リヒテンシュタインに囲まれた国ベルギー。その中にあって首都ブリュッセルから北西に55キロメートル離れた場所に、ベルギー第3の人口を持つゲントの町（フランデレン州の州都）があります。

中世の面影を色濃く残し、運河のある魅力的な都市ゲント。メーテルリンクは今から約160年前、そこで生まれました。裕福な家庭に育った彼は、法律家になりましたが、やがて詩や戯曲に才能を開花させ文学の道を歩み始めたのです。メーテルリンクを世界中に知らしめたのは童話「青い鳥」でした。多くの人は子供時代に読んだか、読まないまでも「青い鳥」の存在は知っていることでしょう。

簡単にうろ覚えのストーリーを紹介します。クリスマスイブの夜、魔女に「幸せの青い鳥を探しておくれ」と頼まれたチルチルとミチルの兄妹は、思い出の国や夜の御殿、未来の国などを巡って探し歩きます。しかし「青い鳥」を手に入れることはできず、朝、目覚めると自分の家に飼っている鳥が「幸せの青い鳥」であることに気がつきます。遠くに探しに行かなくても、身近なところに幸せはあった。それに気づいた2人ですが、鳥は空高く飛び去ってしまう。「私たちの鳥を見つけたら、返してください。あの鳥は、私たちの幸せの青い鳥なのです」で終わります。

夢の中の話で作られた童話ですが、大人になって読み返すと、生きること、幸せなど含蓄に富んだ童話であったと感じさせられました。今、「こんなはずじゃなかった、もっと良い生活や仕事がどこかにある」と、腰も定まらずに転職を繰り返す人を「青い鳥症候群」と呼ぶそうです。うまい話などありません。自分を信じ、家族を信じ、仲間を信じて、苦しい時期を乗り越えて欲しいと思います。建設の仕事を通して、いつか「幸せの青い鳥」を手に入れてください。

(18) 桜流しの雨

桜にまつわる話題は度々書いています。日本三大桜とか、瀬戸内寂聴さんの小説を朗読した話とか……。ここでは日本人が一番好きな桜の「はかなさ」について書くことにしました。桜の品格？こんな言葉はありませんが、梅は寒いなかに咲く凛とした感じがある一方、桜は穏やかな大気に育てられて咲くけれど瞬間的にその存在を見せて散る潔さがあるように思えてなりません。もっと長く咲いて私たちの目を楽しませてくれたらいいけれど、満開を迎えるとまもなく花の芯の部分が赤く色づいてきます。そうなるともう咲いているのは終わりですよの合図です。春は風を呼ぶ季節。その風が桜を最後まで木につながせず、無情にも空に、地上に花びらを散らせてしまうのです。

風などで地上に降りた花は、まだそれなりに柔らかに丸みを帯びてなにがしかの感動を与えてくれます。しかし、邪険な雨が花びらを打ち、濡れて萎んだ姿を見たとき、私たちは桜の季節が終わったことを知らされることになります。誰が言ったのか知りませんが、この雨を「桜流しの雨」と呼ぶそうです。幾分かの哀しみを含んだ風情を感じさせる言葉だと思うのは私だけでしょうか？　花散らしの風と桜流しの雨。なんだか一対の言葉のようですね。

(19) 落語の効用

四季折々のことや、日常のあれこれを思いつくままに書いてきましたが、何かを書くときには頭にさまざまなことが浮かんで消えて、ようやくに最初の3行を書けると、事柄が形作られて筆が進み始めます。この項のテーマとした「落語」も繰り返し聞きなおすと、最初の数分にお客さんを引きつけようとする作家の苦労を感じます。

落語のうんちくは、これを読まれている皆さんのほうが詳しいでしょうから書きません。私にとって落語とは静かに睡眠へといざなってくれる睡眠薬のようなものです。便利な世の中になって寄席に行かなくてもユーチューブでいくらでも聞くことが出来るようになりました。働きの鈍い頭を無理に使うせいでしょう。昔のように布団に入ってバタンキューとはいかなくなり、心を静かにしようとすればするほど、翌朝になればどうでもよいと思えるものが、何故か緊急を要することのように頭から離れなくなるのです。そんなときタブレットで落語を見つけました。実際に寄席に行って寝る人は少ないと思いますが、寝床の中で聞く落語は眠りを誘います。目を閉じて一人笑いをしているうちに、神経はすっかりリラックスするのでしょう。

若い時、初めて寄席に行ったのは、東京新宿の末広亭です。当時、お客さんは満員。立見が出ていたように思います。先だって、寄席に行ってきました。お客さんは数えるほどで、「あまり面白くない」と席を立ちたいのですが、席を立つと目立ってしまうのです。「すみません、もう少し聴いてくれませんか？」などと言われそう。もしかして、私の講習を聞いている人もそんな気持ちかなと、また一人笑いです。皆さん、眠れないとき落語一席いかがです？　ちなみに落語家は歯が悪い人が多いとか。噺家《はなしか》だけに……。――お後がよろしいようで。

13 1、2ときたら、さて次は？

当然3となり次は4となります。作業手順とは作業の順番を間違えずに進めて行くためのものです。2の次に4の作業をしない、させないための必需品でしょう。

労働災害の発生原因を求めるものに厚生労働省方式と呼ばれるものがあります。すでに皆さんが知っておられる不安全行動と不安全状態を組み合わせて、何故発生したかを知り、再発防止策をたてるときに使われます。労働災害は行動と状態で79％、行動のみで14％。行動がからむことで80％から90％の割合で発生するところから、労働災害は行動災害といわれる所以《ゆえん》です。不安全な状態とは？　物自体の欠陥とか、防護措置の欠陥などハード面を思い浮かべることでしょうが、不安全状態の一番に位置するのは作業方法の欠陥の中の、手順の誤りです。

リスクアセスメントが導入されたとき職長さんから教育を行わせなさいと行政が呼びかけたのには、職長さんが手順書を書くからです。従来の手順書にリスクアセスメントを結合させて、作業順番ごとに現れるリスクを数値化し、災害の原因となるものを低減することによって、災害を防止する手法です。災害には必ず原因が存在する、その原因を無くせば災害そのものが無くなる。そのようにもっと身近に考えていきませんか？

⑭ 安全って誰のため？

現役時代、安全部門に籍を置き20年。労働災害を無くそう・減らそうとやってきましたが、一度も無災害を達成することが出来ませんでした。組織を離れて考えたことは、命の尊さは当然のことながら、自分の安全は組織防衛的なところがあったのかもという気がしてなりません。

さまざまに打ち出した安全対策は、働く人に「元請のための安全をやらされている」ものと感じとられていたかもしれません。何故今回このような安全を進めようとしているのかを、もっと説明をしたり、目的を書き出して見える場所に貼りだしたりして理解してもらう努力が欠けていたと反省をしています。安全は会社のためでは決してあってはなりません。現場で汗を流しながら重い・固い・暑い・寒い等、さまざまな環境の中で働いている人々のための安全であるべきです。

管理部門と現業の距離を身近にしませんか？　言うべきことや言いたいことが自由にいえる土俵を作って、みんなが自分のための安全と感じてもらえたらと思っています。

(20) 森林浴の効能

何やかやと忙しさに取りまぎれて数日気づかずにいると、いつの間にか見えるはずの遠くの景色が木々の若芽・若葉にかくされてしまって「アレッ！」と思ったりしていませんか？　すこし驚きながらあたりを見回せば、街といわず郊外といわず、みずみずしい自然の色彩があふれる頃となりました。あるかなしかほどの季節の移ろいが、5月はとてもハッキリと分かります。

ゴールデンウィーク真っ只中にして余暇とメンタルヘルスについてお話をしましょう。「メンタルヘルス」この言葉はもう耳になじんでいると思いますが、心の健康といわれています。ですから精神衛生とはちょっと違います。この言葉が使われるようになったわけは、心の健康重視を行ってゆかねばならない現代的背景、言い換えれば現代社会に生きているなかで受けるストレスに対して不適応を起こす人々が増えてきているとともに、心の危機がもたらす個々の悲劇、社会的破綻も増えています。毎日のように報道される悲しい事件の内側に心の悲劇が感じられてなりません。

心の健康はストレスをいかに上手に処理し、ほかのことに心を振り替えるかが大切です。緊張をといたり、新たな心地よい刺激を受け入れたりするには余暇は絶好だと思います。適度の身体疲労は安眠を約束し、仕事を離れての余暇はあなたの心をもみほぐしてくれます。無理のない程度に自分の身体と心のサイクル活動の計画を立ててください。

これからの季節、森林浴などはいかがでしょう？　昭和57年に登場した「森林浴」はそれ以来、世間に認知されました。実は昔からチョットした風邪や疲労は、森にこもって治す「森林療法」があったとか。樹木がみずからを守ろうと周囲の微生物を殺すために発散する「フィットンチッド」と呼ばれる芳香性の物質が、人体にも自律神経の働きを活発化させ、頭の回転を良くする作用があると判明しました。

快い香りと森の新鮮な空気を胸一杯に吸ってのブラブラ歩き。目に青葉、山ホトトギス。さあ天気さえ良ければいうことなしのゴールデンウィークは、仲間や家族でお弁当を持って行ってみませんか？　そこで、日々の仕事のイライラを解消できたら最高ですよ。

(21)　緑を求めて

我が家には旧朝香宮邸《あさかのみやてい》、現在の東京都庭園美術館から頂いたもみじが植えられています。冬にすっかり裸になっていたのが最近若々しい葉を見せてきて、その緑に誘われるように、京王線に乗って都立公園蘆花恒春園《ろかこうしゅんえん》に行ってみました。まだ若々しい緑の木々からの新鮮なフィットンチッドを回転の鈍くなった頭に取り込みながら歩いてゆくと、徳富蘆花が住んだ家が見えてきました。

明治32年、彼の書いた小説「不如帰＝ほととぎす」は、主人公の川島武男と浪子の運命に当時の新旧思想や、社会的偏見を取り入れ、ベストセラーとなりました。特に浪子の最後のセリフ「ああ、人間はなぜ死ぬのでしょう。生きたいわ、千年も万年も生きたいわ」は、当時の流行語になったほどです。

トルストイからの影響を強く受けた彼は、土との共生を求めて昭和2年に亡くなるまで、この地を愛し、文字通りの晴耕雨読の生活を送ったといわれます。8万㎡にも及ぶ広大な園内には信州、高遠市から送られた15本のタカトウヒガンザクラをはじめ多くの樹木や花が植えられて大変に気持ちが洗われる思いがしました。

5月に入り、だんだんと緑が目に入るようになりました。「さつき」は5月の呼称ですが、昔、早苗を植える月＝早苗月が詰まって「五月・さつき」と呼ばれるようになったとか。ちなみにさつきの「さ」は文法での接頭語で、若くてみずみずしいとの意味を持っていると三省堂の大辞林には書いてあります。確かに「早乙女」などは、うら若き女性をイメージさせますが、ひとつの語源を探すにも、かなりのエネルギーを使います。

それはさておき、5月は新緑の季節。だらだらと続いた冬から想像もできない生命の誕生を、植物から感じさせてくれる季節です。職場への行き帰りに緑を探してみませんか？　柔らかな若芽が日々、緑を大きくさせてくる毎日を、仕事の気分転換にしてみてはどうでしょうか？

(22) エピソード太宰治

いつも6月が近づくと、太宰治の本がずらりと書店に並べられます。多くの人は学校の国語教材で彼の本を、否応なしに読まされたのではと思います。彼は短編小説の名手で、すらすらと書き、なかには彼がしゃべり、筆記者に書かせそれがそのまま小説になったものさえあります。有名な短編「走れメロス」は、王の暗殺に失敗したメロスが死を前に、妹の結婚式に出席する3日間の猶予を願い、友人を人質に差し出し、懸命に約束を果たした物語ですが、これは太宰治が逗留先で金を使い果たし金策に行く間、友人を担保として置いていったことが小説のベースになっているのだとか。

彼の写真で有名なのは、肘をつき、なにやら想いに耽ったかのような姿があり、そこには行き詰まったイメージさえ覗けます。その写真は芥川龍之介の写真から受けるイメージにも似て驚きました。ポーズさえも似ています。健康そのものの太宰の青年時代の姿は、あの写真の風貌から遥かに遠いものです。彼は1909年、今の青森県五所川原市に生まれ、生家は名の知れた豪農でした。彼が東京帝国大学（今の東京大学）に進み、そこで出会ったのは当時大正デモクラシーで盛んとなった社会主義・共産主義思想でのプロレタリア文学でした。生家の大地主と比べて悲惨な階層の存在は、太宰を悩ませ自殺を図るほどの衝撃でした。これ以降、彼は左翼文学に傾倒し、大学にも行かず除籍処分となりました。

太宰治には人格障害的な精神疾患があり、4回にわたり自殺未遂を繰り返しましたが、2回は女性との心中未遂で意外に発展家であったのかも知れません。プロ野球評論家の野村克也氏が現役選手時代、長島茂雄氏と自分を比較されたとき、自身を「月見草」になぞらえたエピソードはあまりに有名ですが、太宰が精神的に落ち着いていたとされる時期に書かれた「富嶽百景」の文中に「富士には月見草がよく似合う」という件《くだり》が、これまた有名。野村元監督が太宰治の本を読んでいたのかは不明です。

1948年、太宰治は玉川上水で愛人と心中自殺をしますが、妻に残した遺書には「おまえを愛していました」。そんな彼にも拘らず三鷹の禅林寺には今年も桜桃忌（6月13日）に大勢の女性がお参りするのでしょう。男からすると納得いきませんが……。

〈現場へのひと言〉

⑮ 飛来落下の恐怖

「物が飛んでくる」と「物が落ちてくる」とでは本来異なるものですが、災害分類上はひとくくりになっています。その「落下」についての恐怖を考えてみましょう。あなたが下にいた時、突然上から物が落ちてきたのが視野に入ったら、どのような行動をとるでしょうか？

「①頭を抱え込む　②頭上で落下物を受け止めようとする　③上体をそらして落下物を受け止めようとする」

「A：立ちすくむ　B：わずかに行動する　C：足が動かない（手だけ動かす）D：早く逃げようとする」

①～③は防御姿勢をとった行動、A～Dは防御姿勢をとらない行動です。「人間工学」という本からの借り物です。発表されたデータによりますと、防御姿勢をとる41％、防御姿勢をとらない59％となりました。防御姿勢をとる人の68％が頭上で落下物を受け止めようとします。反射的に頭部を守る行動に出ていると思われます。

これに対し、防御姿勢をとらない人の40％が全然行動がとれないという反応データがあります。「人間工学」ではこう結論付けています。「上からの危険物に対し、大半の人は無力・無策である」

上下作業での危険性を、どうか再認識してください。

⑯ 今年も熱中症に気をつけよう

熱中症は体内外の温度上昇によって発症します。このことは良くご存知ですね。どうしても夏の暑さと労働とが原因と考えがちですが、あながちそうとばかり言ってもいられません。人間の体温が37度以上になると、体温を下げるよう皮膚温度を下げたり(汗をかく)、血行をよくして血中温度を下げたりしますが、すでに体内に大量の熱が発生している場合にはコントロールが効かず、体内に熱がこもってしまいます。

これらは屋内でも起こります。「炎天下じゃあない」と安心してはならないのはいうまでもありません。熱中症は急激に症状が軽いものから重いものへと進行します。

水分や塩分を常に補給してください。単にお茶や水だけでは予防にはなりません。その場合は梅干などで塩分を摂ってください。スポーツドリンクは塩分が高いので高血圧の方などは、薄めて飲用してください。

⑰ プライミング効果

職場の人間関係の大切さは誰もが承知していること。でも頭で理解していることと、やっていることは違うかもしれません。今回はプライミング効果について書いてみます。

「先行刺激」—最初に受けた刺激が後の行動を決定する。これがプライミング効果です。たとえば、仕事であるいは安全行動で指示されたことと違う行動をした。そのとき上司・先輩である人が、頭ごなしに怒鳴りつけたとします。怒鳴られた人は、自分のミスを棚に上げて、怒鳴りつけた人を自分ばかりを責める納得できない存在と位置づけ、自分とは一緒にやっていけない敵とみなしてしまいます。

同様なミスをしても、「お前らしくないじゃないか、なんでそうなった?」と言う上司・先輩は、自分を理解してくれる存在。つまり味方だと思います。味方である存在にもう一度迷惑をかけられないとも考えます。ミスをした人に対する立ち居振る舞い、わずかな言葉のかけ方で、大きく変わるのがプライミング効果の怖さでもあり、人間関係を良好に保つ秘訣でもあります。ついカッとなる私たちは、気をつけなければなりません。

(23) 梅雨を考える

梅雨と書いてバイウともツユとも読みますが、本来の読み方はバイウ。

なぜ梅雨と呼ばれるのかで、ハタと思考停止。あれこれの本、岩波の中国語辞典などわらわらと引っ張り出した挙句の結論は、いとも明快単純なものでした。つまり、(これから述べることは推論ですが) バイウなる言葉が日本で使われだしたのは江戸時代に中国から入ってきたことに始まります。

すべての文字言語がそうであるように「始めに言葉ありき」で、入国したときにMeiyuと発音されたのです。Meiyuとは黴雨=カビをもたらす雨という意味にも拘《かかわ》らず、発音による混乱がここに生じたのです。何故ならMeiという発音には梅(Mei)というのも存在したからです。

ヨーロッパの人々は自然のもたらす屈託をジョークで吹き飛ばす名人といわれますが、古来、日本人は自然のさまざまな営みをもひっくるめて「風情《ふぜい》」として自分たちの生活の一部として取り入れる名人でありました。その名人にとって旧暦5月の雨が黴雨ではアンマリではありませんか?発音の同一に合わせるように梅雨とした……いかにもウーンとうならせる文字にすりかえてしまったと思うのです。うっとうしい雨の季節を、それなりに愛でて、俳人は梅雨にかかわるような句をこぞって詠んだものです。

「五月雨《さみだれ》をあつめて早し最上川」松尾芭蕉

加えて、その時季の草木にもしゃれた名前をつけています。雨降り花と呼ばれる花を御存知ですか? ギボウシ、ヒルガオ、シロツメクサ、それに都会では滅多に見られなくなったホタルブクロなどがそれです。

約ひと月、私たちも梅雨をそれなりに楽しみながら過ごそうではありませんか。

(24) 分け入っても分け入っても青い山

この季節、この句を読むと暑い夏を感じます。種田山頭火《たねださんとうか》は明治15年、山口県防府市の造り酒屋であり、大地主でもあった家に生まれました。母親を早くに亡くし、上京して大学に入ったものの、病を得て実家に戻りましたが、父親の代で家は破産。荻原井泉水《おぎわらせいせんすい》に俳句を学び、結婚し古書店を営みましたが、妻子をおいて家出。得度《とくど》し、雲水《うんすい》姿で放浪の旅を続けながら、従来の俳句に囚われない自由な句を数多く残しました。

さて、7月のお盆は終わりましたが、月遅れや、旧暦のお盆はこれからです。夏休みを田舎で過ごす人は8月15日の月遅れのお盆に毎年集中しています。日本の風物詩といってよいでしょう。

仏教がインドで生まれたことはほとんどの人の知ることです。逆さ吊りにされた状態になぞらえた表現から由来している言葉に、「地獄の苦しみ」があります。

これを古代インドの言葉で、ウランバナといい、中国で音訳されて、盂蘭盆と書かれました。インドでは雨季の終わる日を7月15日と想定し、この日、苦悩を救う日として、当時さまざまな法会を営んだとされています。このことが中国を経て日本に渡って来たのが西暦６０６年のことです。日本ではもっぱら先祖供養の日としての、お盆です。日本人は昔から外国の文化＝習俗・習慣を受け入れる民族だったのですね。もちろん、旧暦の7月15日に供養をしていましたが、明治になって暦が変わり、畑仕事の都合で月遅れの8月だったり、旧暦の7月15日だったりと、このあたりは日本人の適当さも微笑ましいところです。

地方に実家を持つ人は、お盆に家族や、昔の仲間と会える楽しみがあり、地方を持たない人は、少し残念な気分。でも会社の夏休みは、みんなと同じ8月15日に集中して、そのへんは同じです。宗教に関係なく、どうか楽しい夏休みを計画し、過ごしてください。

(25) 薔薇に罪はないけれど

正岡子規の有名な句に「くれないの二尺のびたる薔薇の芽の針やわらかに春雨のふる」があります。狭い我が家の庭にも30年以上は経ったと思われる幾種類かの薔薇の花が咲いています。真紅の薔薇は情熱や永遠の愛をあらわすとして、求婚や誕生日などによく登場します。大変に有名な花なので世界中に存在するのかと思っていたら、北半球にしか存在しないことを知りました。

日本で初めて薔薇というものを確認したのは奈良時代であるらしいのですが、たぶん野バラのたぐいではないでしょうか？　江戸時代になると薔薇栽培も行われるようになり、身近な花として定着しました。今では１２０種の薔薇があるといわれています。どんどんと品種改良が行われたのも薔薇の他の花にない魅力のせいでしょう。最近は真紅の薔薇以外のさまざまな色が登場するようになりました。鑑賞だけでなく、ジャムにしたり、石鹸や香水、ハーブティ、さらに体臭改善のサプリメントとしても愛用されていると聞き及びます。

この時季、人の目をなごませる薔薇の花ですが、薔薇の名を付けられた世界史では30年にも及ぶ戦争（内乱）がイギリスにありました。のちに薔薇戦争と呼ばれているものです。ことの発端は王位を継いだヘンリー6世を叔父であるヨーク公爵家が追放し、エドワード4世として王位についたことから王朝の雲行きは怪しくなりました。ヨーク公爵家の紋章が白薔薇、こちらも叔父にあたるランカスター公爵家の紋章が赤い薔薇。両家とも王位を狙っての戦いです。

当初は旗色の悪かったランカスター公爵家でしたが相手の内紛もあり、ヨーク公爵家を打ち破り、ここに１４５５年から１４８５年の30年にわたった王位争奪に終止符がうたれ、両家の婚姻が成立しましたが、30年の間に分かっているだけで15回の戦いがあり、勝ち負けの繰り返しでした。そのたびに王位はあちらに取られ、こちらに返るを繰り返す、なんとも凄まじいの一語に尽きます。とばっちりをうけたのは国民です。いわば親戚同士のけんかに巻き込まれたのですから。薔薇の名前のついた血なまぐさい権力闘争でした。

やはり薔薇は永遠の愛……私たちにはそうあって欲しいものですね。

〈現場へのひと言〉

⑱ 指示される安全

あれをしなさい。これをしなさいと指示されての仕事は楽しいのでしょうか？　人は自分で考えたことを、納得しながら実行したい。そんな存在です。考えたい存在であると書いたことがあります。

災害を防止しようと、管理監督者は自分の安全をややもすると絶対的なものとして指示をしてしまいがちです。果たして指示される側の人は１００％納得していると思いますか？　また指示しなければ安全を意識しない人をつくりあげたいのですか？　指示される側にとって指示される安全のすべてについて「分かりました」と思っているわけではないことを管理監督者の人には知って欲しいと思います。みんなで達成する無災害のためにも、一方通行になりがちな安全指示を意見交換をしながら進める安全指示に変えてはどうでしょうか？

⑲ 誰もが安全の参加者

現場の安全は元請さんや、職長さんが計画し、指示をして作業員はそれに従う構図が建設現場で長く続いていました。でもそれで安全が全うできるのでしょうか？　計画は誰が災害に遭わないために作られているのか考えてみましょう。計画はそこで働く作業員の安全を確保するためのもので、安全は作業員の皆さんが主役なのです。作業に従事する人の参加なくして安全は担保できません。

とはいっても、何をどうするかが明確でないと参加の仕方が分かりませんね？　取りあえず指示された内容が、やりやすいかを考えてみましょう。自分たちにとってやりにくいなら、そう発言をしてみませんか？　働く人の意志を反映しない指示にはノーを言ってみませんか？「自分たちは、こう考える」ここから参加が始まります。

⑳ 言い訳をしない

現場を見させていただくことがあります。具合の悪いところが目に入り、遠慮がちに指摘をさせてもらいます。なかには真っ直ぐに認めようとはしてくれない方がいます。その不具合をなんとか言い繕《つくろ》おうとします。

なぜでしょう。恥ずかしい、みっともないと感じているから言い訳をされるのだと思います。しっかりとしたことをしたかったのに見落としたりしていたこと、あなただけではありません。どうか真実を受け入れて頂けないでしょうか。

本来そのようなことがないにこしたことはありませんが、不具合が存在してしまうことはあるのです。大切なのは不具合に言い訳をせずに改善をすることだと感じています。

21 良質な安全とは？

施工のなかで良質な仕事をする、あるいは、しなさい、と良くいわれます。では良質な安全というものは存在するのでしょうか？　施工と安全の一体化は今では当たり前のことです。でも良質な安全、聞いたことがありますか？

考えてみました。良質な安全とは、真剣にそして丁寧に安全活動をすることではないでしょうか？　いわれたからするのではなく、その組織で誰がどんな役割を果たし、自分がどんな役割を果たすのかを、全員が認識し、行動することだと考えます。

安全費用をいたずらに掛けるだけが良質とは思えません。作業に関わる一人ひとりが愚直に安全を忘れずに行動することも良質な安全ではないでしょうか？
チャレンジしてみませんか、良質な安全に！

(26) 紫陽花《あじさい》

猫の額ほどといったら猫に叱られる。そんなわが家の庭に今年も紫陽花が咲いています。紫陽花はかなり昔から日本にあって万葉集にも歌われていました。もちろん現在の漢字ではなく安治佐為と書いていたそうです。中国・唐の時代の詩人「白居易」が他の花に紫陽花と名をつけたのを、平安時代の人が花の色からあじさいにこの漢字を使ったのが広まり、紫陽花が定着したといわれています。

各地のお寺に行くと紫陽花が多く植えられて、アジサイ寺と呼ばれていますが、鎌倉の明月院などはアジサイ寺の名所として関東近辺から訪れる人が毎年多くみられます。お寺に紫陽花が多く植えられている、その理由の一つとして未発達な医療のために疫病などで多くの人が亡くなり、回向《えこう》として手向《たむ》けとして植えられたとの説があります。一方で花の色が変わるところから、花言葉で「こころがわり」といわれ、人にプレゼントしにくい花になったのは気の毒です。

紫陽花の語源となった紫色は、はるか昔、繊維に染めにくく、そのためローマをはじめとして各国の皇帝の色として最上位にランクされていた色です。わが国でも聖徳太子の位階では紫は天子の色とされています。今の時季、さまざまな色が景色に現れて心が癒されますが、一口に色といってもどれほどの色が存在するのでしょうか？　調べてみましたら、言葉で表現できる色はなんと2000以上でした。私たちは一体何色言えるでしょう？

黄色は暖かさを感じさせる色です。古代エジプトでは黄色は太陽を表し、太陽神、つまり絶対神の色として皇帝のみが使用できる色でした。時代が下がり、キリストを裏切ったとされるユダが黄色の服を着ていたところから、裏切りの色と呼ばれるようになりました。色にも歴史があるのですね。

(27)　夏の三顔

夏の代表的な花の一つに朝顔があることは、よく知られています。同じように顔が名になっている夏の花に、昼顔や夕顔があります。朝顔は朝に咲き、昼顔は朝に咲いて昼なお咲いています。夕顔は夕刻に咲き朝にしぼみます。読んで名の通り分かりやすい三顔の名前だとは思いませんか？　元は全てヒルガオ科に属している同種のものですが、栽培されているのは朝顔だけとは少し驚きです。

昼顔と聞けばカトリーヌ・ドヌーヴの映画「昼顔」を思い出します。ゴルフエッセイストの夏坂健氏（故人）が講談社発行の「ゴルフの神様」の中で、ホテルで彼女と遭遇した時の驚きを書いています。あまりの美しさで「心臓が半分、口から飛び出しそうになった」と、ややオーバーではあるものの、読者にさもあらんと思わせる箇所がありました。そのような衝撃的出会いでありながらも同氏はかろうじて「ハロー」と挨拶をしたとは、中々やるものではありませんか。

朝顔は元々、中国から遣唐使が奈良時代末期から平安時代初期にわが国に持ち込んだとされています。今では東京の入谷鬼子母神の朝顔市だけでなく、全国各地で朝顔市が開かれるなど、観賞用として多くの人に親しまれています。朝に咲いて夕方には萎んでしまうところから、「朝顔の花一時（物事の衰えやすいこと）」などと使われたりもします。加賀千代女《かがのちよじょ》の詠んだ有名な句に「朝顔につるべとられてもらい水」があります。井戸に水を汲みに行ったら、朝顔の蔓《つる》が釣瓶に巻き付いていて、切るも哀れと隣家に水を貰いに行くという女性ならではの優しさを感じさせる句です。

わが家の門扉に朝顔が蔓を巡らせていたのを放っていたところ、両開きの門扉が開かなくなり、最近、無情にも片方の門扉の蔓を切ってしまいました。裏口から出入りする風情は、わが家にはないのです。

(28) 出雲大社で考える

年間約250万人の人が参拝に訪れる出雲大社に20年ぶりに足を運びました。2013年は60年に一度の遷宮にあたり、普段は見ることができない所を特別に拝観できるということで、多くの参拝者を見受けました。

いつごろから出雲大社は存在したのか？　紀元前4年に造営されたとの記述がありますが、古事記にはそれより昔、神代の時代に造営されたとの記述もあって、本当のところは分かりません。

大きな鳥居をくぐると、右側に小さな社があって、以前には気がつかず通り過ぎてしまいましたが、今回はお参りされている人が数人おられたので、気になって見てみると、そこには4柱の神が祀られていて、人の罪や穢れを祓い落として清浄にしてくださる「祓いの社」でありました。私にとってなによりも、どこよりも有難く、ぜひともお参りせねばならない尊い社でした。20年前に気がついておれば、もう少し人生が清浄であったかもしれないと反省しつつ、心をこめてお参りをいたしました。

さて、本殿にて参拝をいたしましたが、こちらはいつもの神社と参拝の仕方が異なって二礼四拍手一拝です。なぜなのでしょうか？　さまざまな俗説があるようですが、最近、出雲大社が縁結びの神といわれてからは「しあわせ」につながるなどと、まるで語呂合わせの説も飛び出しています。

四拍手は出雲大社だけでなく宇佐神宮でも同様と聞きました。

昔は拍手《かしわで》の数は今よりもっと多かったらしいのですが、現在の形になった、そのわけは分からずじまいです。ちなみに伊勢神宮は八拍手です。普段なにげなく行っている拍手ですが、本来は両手を合わせて、右手を少し下にずらして行うのが正しいと知ってからは、意識して行っていますが、なぜなのかは分かりません。これも語呂合わせですが、両手を合わせたままだと、指の関節が左右揃ってしまい「節合わせ……不幸せ」となるからともいわれました。

大きな神社だけに数多くの社があってお賽銭の金額も馬鹿にならないと罰当たりな考えがフト頭をよぎりましたが、神罰を恐れ、悪い考えを直ちに打ち払ったのはいうまでもありません。

神社仏閣に感謝や、お礼のしるしとして、米や野菜に代わってお賽銭をあげるようになったのは近代になってからです。なぜなのかは分かりません。

(29) 気持ちが伝わる表彰式

6月、7月は安全衛生大会が日本各地で開催されます。大会のなかで必ずといっていいほど行われるのが安全表彰ですが、お招きを頂いた会社で感動したことがありましたので、今回はそれを披露させて頂きます。

　サラリーマン生活を終えて、あちこちからお招きを頂き、多くの方々が表彰される姿を拝見しておりました。大体が最初に呼ばれた方が表彰状を全文にわたって通読して頂くのに対して、それ以降の表彰者は表彰内容を「以下同文」と省略されています。最初に呼ばれる表彰者と次に呼ばれる人に何らかの基準があるのか？　このことに何となく違和感を覚えながらも、どちらの会社も「以下同文」なのです。時間の短縮？　それとも表彰状の文章が全く同じだから敢えて省略されているのでしょうか？

　こんな私の考えを覆された会社がありました。建築系の会社ですが、そこの社長さんは、全ての表彰者の方々に対し、一字一句省略することなく通読されました。そのため表彰時間は多少長くなったのは仕方ありません。表彰されるということは、そうそうあることではありません。晴れがましい席で省略された表彰状を受け取るのと、出席者の前で全文を読み上げていただくのと、どちらが心に残るのでしょうか？　また表彰する社長さんの「有難うございます」の気持ちが伝わるのは、どちらでしょうか？　自分の安全講演を忘れて、目前で行われた表彰式の感動をお話しすることから始まってしまいました。

　感謝の気持ちが伝わり表彰者に感激の気持ちを持って頂けるのなら、どなたにも公平に全文を読み上げることは容易《たやす》いことです。その日は生憎の雨模様。ですが私は自分が表彰されたかのように晴ればれとした気持ちになりました。

（30）衣食足りて礼節を知る

最近はあまり聞かれない言葉の一つになったものに、タイトルの言葉があるようです。出典は管仲の「倉廩実《そうりんみ》つれば即ち礼節を知り、衣食足れば即ち栄辱《えいじょく》を知る」からきているようです。私たちは、コンパクトに衣食足りて礼節を知ると覚えてきましたが、どうも本当にそうだろうかと思うことがあります。

戦後の一時期はまさに着るものもなく、兄弟の多い家庭では、お下がり（年長の子供の着ていたものを年下の者が着る）が特別なことではなく、食糧も主食のお米の代わりに代用食なるものを食べていた時期がありました。当時、衣食は全く足りていませんでした。今はどうでしょう？　衣類はタンスに溢れ、接《つ》ぎを当てた服を着ているのを見ることもありません。そして飽食の時代といわれるほどに、あらゆる食べ物に囲まれるようになりました。

さて、衣食足りて礼節はどこに行ったのでしょうか？　子供のころの記憶ですから確かなことではありませんが、あの貧しい時代のほうが互いに助け合ったり長幼の序が存在していたような気がします。貧しいながらも治安は保たれて、それなりに楽しさを自ら作り出していたのではないのかと思えてなりません。

「ジャパン　アズ　ナンバーワン」などといわれて、その気になった現代人は衣食足りたのち、足るを忘れてしまっているかのように、次から次へと新しいものを追いかけて、心が満たされることがなくなってしまったようです。これって幸せなのでしょうか？　今は嫁いで2児の母になった娘が独身の頃、「お母さん、いつまで昔の服を持っているの？　1年間着ないものはこれからも着ないのだから捨てたらどう？」と言っていました。さすがに今は家計のやり繰りで、そのようなことは言わないでしょうが。初夏を迎え衣替えの時季となりました。終戦直後に産まれた私は、もったいないと今年も衣類を捨てかねています。

(31)　車中携帯観察

震災等の影響で一時、年間620万人台まで減少した外国人観光客数は、2016年には年間2000万人を超えて、今年も多くの外国人観光客がわが国を訪れています。

最近はそんな外国人観光客が驚くのは交差点の信号マナーだそうです。多くの日本人は交差点で信号が青になるまで立ち止まっています。自分の国では自己判断で勝手に信号無視が当たり前と思っている人には、とても不思議な光景と映るようです。

また、やたらと携帯を操作しているのも驚きの一つと聞きました。いわれてみると確かに携帯操作の「ながら族」が目立って多くなりました。携帯電話にカメラ機能やさまざまなアプリが搭載されるようになってから、電車内で携帯を操作する人が増えているような気がします。7人掛けの椅子に座ってほぼ4人が携帯を操作しています。ゲームをする、ネットを楽しむ、音楽を聴く、メールを書く——。ひっきりなしに操作をする人は多分「ライン」をしているのでしょうか。

携帯電話の契約総数は現在1億3千万を超えました。日本の人口をはるかに上まわっているのです。多くの日本人は常に携帯とつながっていないと、なにか不安であったり、手持無沙汰なのでしょうか。

昔、車内で居眠りをする日本人を見た外国人観光客は日本はなんと安全な国なのかと感心したそうですが、いまや居眠りをしている人は少数派に転落しました。安全でなくなったわけではなく、オモチャを手にしたからです。本を読まず、新聞を読まず、携帯からの情報ばかりに頼っているのは、一抹の寂しさを感じます。

手にしている携帯の機能を、どれほど使いこなしているのかを聞いてみたい気持ちになります。そんなにアプリ、必要ですか？

(32) 夏の風物詩……線香花火

考えていてもそのことが分からないまま、心に置いていることがあります。その中の一つに、日本人ほど季節を受け入れる民族は珍しいということです。春夏秋冬を楽しみ、生活の中に上手に生かしていると感じます。

間もなく、真夏がやってきます。涼風を待ちわびながら「暑いですね」が日常のあいさつに使われる毎日であっても、どこかに涼しさをつくり出す名人だと思います。目で涼しさを感じるために、冬には使われないガラスの容器に食材を盛り、音で涼しさを感じるために風鈴をつったり、あるいは茣蓙《ござ》を敷いて皮膚感覚で涼しさを感じたりしています。最近は以前ほど見かけなくなりましたが、夜ともなればバケツを持ち出し、夕涼みをかねて庭で線香花火をして束の間、暑さを忘れて楽しんだものです。

関東方面と関西方面では線香花火の持ち方が違うことを最近知りました。関東では和紙の先に火薬を巻き、手元を下に向けるのに対し、関西では竹の細くしたものに火薬を付け、手元を上に向けるとのこと。もともとは香炉に刺して楽しんだといわれますから関西方式が元来の遊びに近いのかもしれません。私は東京生まれでしたから、手元を下にしてパチパチと火薬のはぜるのを玉を落とさないようにして遊んでいました。火薬などが溶けて表面張力で丸くなった状態を牡丹といい、火花がはぜることを松葉と呼び、はぜ方が弱くなると柳、消えかかる状態を菊と名付けるとは、なんとも日本人の夏の風情を感じます。

線香花火だけでは子供が面白くないからでしょう。ロケット花火や円筒形の花火も作られるようになりましたが、年を十分に重ねた今、花火といえばやはり線香花火であってほしい。日本各地で花火大会が催され、旅行客で賑わいを見せる時季が間もなく到来しますが、童心に返って線香花火で夏を楽しまれたら？　もちろん、冷えたビールに枝豆でもあればなお結構です。

(33)　夏祭り好きな住民

私はいつの間にか自分の町会の祭典会計になっていました。お祭りにハナ掛け（ご祝儀）を持って来た人の芳名と金額を、西日のよく当たる社務所で半紙に慣れない筆を持ってせっせと書きまくっています。その脇ではハナ掛けをして頂いた人に、日本手拭とお神酒を渡す係がいて、後ろには金勘定の係がいます。

昔から私の町会は見栄っ張りのうえに派手好きで、市内で他の町会の神輿や山車が来ると、ビールを飲ませ放題、朝から大勢で作った料理や子供向けのかき氷などを大盤振る舞いしてきたために、

「あの町会は豪勢だ」との評判の立つ有様です。かなりの額のハナ掛けをして頂きながら、毎年そのほとんどを使ってしまい、新しい会館建設の資金がなかなか貯まらない苦しい台所事情を抱えています。

お祭りや儀式はコミュニティーの結束の表われともいわれますが、集落を単位として成り立ってきた日本は1年に最低でも1度は集落（今では町会と呼ぶのですが）ごとにお祭りが全国で行われています。

歴史を重ねたお祭りは、観光客も大勢訪れますが、私の市のお祭りには観光客はゼロ。ひたすら自分たちで盛り上げなければなりません。町会役員を経験された方はお分かりでしょうが、エネルギーをかなり消耗するのがお祭りです。

本祭りが終わっても翌日は鉢洗いと称して、片付けの後、また手伝ってくださった方々や、お囃子、神輿連にビール、日本酒飲み放題の宴会が待っています。同じ町会にいてもなかなか顔を合わせる機会がなく、たまにはどんちゃん騒ぎで楽しむのもいいかもしれません。

(34) 日常の変化

最近、暇があると、なるべく歩いたり自転車に乗って移動するようになってきました。別にエコを考えてといった殊勝な気持ちではありません。怠け者の運動不足の解消のためになればと思っただけのことです。現代、移動手段が時間の短縮を追求していると、皆さん思いませんか？　私もそう思う一人です。ただ速さを求めた結果どうなったか……早く目的地には着くけれど、途中の景色を眺めたり、そこの（通過する）生活を感じる時間を失ったような気がします。

そんなこんなもあり、近場は歩くか自転車が最近の私です。町をゆっくり歩いて気がついたことがありました。大規模店舗の規制が無くなって、大型店舗があちこちに進出して、町から商店が姿を消してしまっています。いわゆるシャッター通りが否応なく目に入ります。ここに駄菓子屋さんがあり、隣に文房具屋さんがあって、子供の頃はおまけつきのお菓子を買い、隣でノートを買った。そんなお店もなくなり、魚屋さんも、八百屋さんも、日用品のお店もなくなっています。

ふりかえると、小売り店舗が立ち並んでいたころは、そこかしこで買う人、売る人の話し声が聞こえ、町は元気だった気がします。大規模店舗に行けば、そこで必要な品は全てが手に入れることが出来るけれど、人との交流が無くなりました。便利なことが私たちの生活の全てなのでしょうか？無人になったいくつものシャッターをみながら、この店の人と無駄口をたたきあいながらの買い物は、この町で暮らしと生活をしていたのだとの気持ちにさせられます。昔、日本人は集落での生活を営んできました。今で言えば町でしょうか。その町が消えてしまいつつあるようですが、皆さんの住む町の様子は如何ですか？

(35) 夏日・真夏日・猛暑日、さて次は?

暑いと口にだすと、それだけで気温以上の暑さを感じてしまうので、なるべく言わないようにしています。が、しかし暑い日が続きます。夏日は季語として使われていることから、以前から言われていたのでしょう。いつの間にか真夏日が使われだしました。今は猛暑日なる言葉が頻繁に言われるようになりましたね。

日本はそんなに暑くなったのかと、汗を流しながら気象庁のデータを調べてみると確かに気温は上がっています。ただし僅《わず》か1.5度しか上昇していません。昔は30度を超える日は少なかったと思っておられる人が多いのですが、そんなことはありませんでした。8月の平均最高気温が33度は珍しくはありませんでした。では昔の33度に耐えられた日本人が1.5度の上昇にヘトヘトになるのはどうしてでしょう? 一つの原因は都市部のビルの壁だと言われています。周囲がビルに囲まれていることにより、蒸されている状態。エアコンの排気熱もあるでしょう。もう一つの原因は道がアスファルトになり輻射熱がもろに歩く人を襲うからです。当然、気象庁の予想気温をはるかに上廻った40度以上の世界にいることになっています。

文明が進んだことにより、私たちは快適な場所を確保することが出来るようになった一方で、気象庁発表以上の熱にさいなまれています。平成19年から気象庁は猛暑日を定義しました。夏日・真夏日・猛暑日は皆さん知ってのとおり、5度きざみで使われています。いつの日か40度が出現するようになったら、なんと命名するのでしょうか？　超猛暑日でしょうか？　それとも民間用語で猛暑日のかわりに使われていた酷暑日が復活するのでしょうか？

ちなみに中国では超熱帯夜という言葉が使われているそうです。あちらの国も夏を過ごすのは容易ではなさそうですね。

(36) 不寛容な時代（許さない世界）

まあそれくらいのことはよくあること。そんな寛容な時代は終わってしまったのかと思いたくなるほど、最近はテレビを中心としたマスコミは間違いを犯した人や組織を、これでもかと言わんばかりに取り上げて追及しているように感じ、窮屈な世界になったような感じがします。マスコミだけでなく個人の社会生活でも間違いなどに厳しい目が向けられるようになってはいないでしょうか？　日本のように集落を単位として発達した社会では、人に迷惑をかけない、後ろ指を指されない、みっともないことはしないの3つが行動規範として存在し、それが社会生活を保ってきています。この3つは自分に課した規律であり、他人が別の人に課したものではありません。だから厳しいものであっても、自分のルールでした。その枠からついはみ出すようなことをしたとしても、世間様は逆に、まあ今回のことはいいじゃないかと、間違いを起こした人を許してくれる寛容な社会であったような気がします。だからこそ生活もしやすく、人にも優しく接することができたのではないでしょうか？

誰しも仕事やプライベートでも悪気はなく、フトした間違いはおこすものです。皆さんは許されない世界、許される世界どちらを選びますか？　数日前、パソコンに向かって書いている途中、振り向くと、本棚にある「不確実性の時代」が目に入りました。もう40年ほど前の本ですが、著者のガルブレイスは冗談でこんなことを言っています。「年をとることの利点といえば、私が若く美しい女性に近づいても誰も警戒しないことだ」著者と私と比べることは無論出来ませんが、もし私が言ったなら、誰かセクハラと言わない？　不寛容な世界はウッカリ冗談も言えない世界です。

(37) 請求書と領収書の関係を考える

普段、自堕落な私ですが先祖の法要や墓参りは欠かさないように心掛けています。江戸時代の先祖は幕臣であったためか仏教でしたが、明治に入ると内務省に勤務したせいか、とつぜん神道に衣替えする調子の良さをみせて東京青山を墓地としました。江戸時代の菩提寺は明暦の大火で別な場所に移ったものの、関東大震災で全てが倒壊し、陸軍が更地にしたため再建されてはいるものの過去帳しか残されていません。残されて後を継いだものとして、過去帳しかない寺に行くというのは何となく足が遠のくものです。

そんなわけで、現在は家に近い寺にお世話になっています。鎌倉時代に創建されて檀家数千軒を超える禅宗の寺です。家の裏手から墓地が続き、隣は病院と生死近接で、強風の時など塔婆《とば》が音楽となって聞こえます。先祖の、何処でもいい、宗派も拘《こだわ》らないというい い加減なDNAを自分自身引き継いでいます。先だって彼岸が近くなり挨拶を兼ねて寺に行き、住職と話をしました。その際、住職から「神社・仏閣に詣でる人の大半は、願い事ばかりをしていませんか？　願い事は請求書ですよ。願い事がかなった時にお陰様で有難うございますと手を合わせることが領収書です」と言われました。なるほど一理ある話と腑に落ちた次第です。そうすると神社・仏閣には請求書が山のようになっているのでしょう。

あちこちの神社・仏閣に詣でて何十年も請求書ばかりを届けていた自分が申し訳ないような気持ちになり、取りあえず本堂にありがとうの手を合わせ、その足で氏神様に行き、同じようにありがとうを言って、ほんの少しだけ領収書を届けた気持ちになりました。皆さんも足を運ばれた時、請求書ばかりでなく、領収書も送られたらいかがでしょうか（笑）。

22 手間を惜しまない

誰もが仕事を早く終わらせたいと思うのは、私たちが持っている「エネルギー保存の心理」です。早く、そして楽に仕事をしたいのです。

省略行動は危険。分かっていながら、エネルギー保存の心理は気をせかせます。そんな気持ちになったら、大きく深呼吸をして、自問自答をしましょう。これでいいのかと。過去に災害があったからこそ、手順の大切さが求められているのです。

一つ、二つの手間にどれほどの時間がかかるのですか？　わずかな手間を惜しんで自分だけでなく、他の人も危険にさらしてどうなるのでしょう。急ぐ時ほど危険は身近に迫っていることを自覚してください。急いでいる自分を意識して、その時、手順どおりに行動しましょう。

手間をかけることが安全を担保することを理解して欲しいと思います。

㉓ 中断する勇気

仕事にかかる前、当然打合せをして手順の確認をしてから作業開始となります。何の欠け落ちたこともなく作業が進んでいくなら問題はありませんが、どれか一つ思いつかなかったミスが見つかった時、私たちはどのようにしているのでしょうか?

このまま作業を行うことによるリスクを意識せずにはいれない、でも引き返してもう一度正しい方法に組み直すことにもためらいがある——日々の作業で直面することがあると思われます。リスクがあっても以前はうまく回避できた記憶に引きずられて、そのまま作業を進めてしまうこともあるとすれば、以前の運に恵まれただけのリスク回避が今回もできるとする危険極まりない発想ではないでしょうか?

このまま続けたい気持ちにブレーキを掛けることは、かなりの決断を要すると思います。しかし最悪をイメージして、中断する勇気を持って頂きたいのです。手戻りすることによる損失よりも、続行することによるリスク発生がいかに大きいものかは過去の労働災害が教えてくれています。

24 現場はみな平等です

現場には所長以下、監督と呼ばれる元請さんと、職長と作業員がいて施工が行われています。所長は工事の施工・安全全般の責任者として、監督は所長の指揮のもと管理にあたり、職長は自社の社長の代わりに施工・安全に気を配り、作業員は専門技能を発揮し、良質な工事を安全なうちに進捗していきます。どの立場にいる人もいい仕事を安全にという立場は変わりませんし、変えてもいけません。

一体となって施工をする現場に誰が偉いといった上下関係を持ち込むことは、果たして有効な手段でしょうか？　もちろん、指揮・命令関係は存在しますが、押し付ける、押し付けられる関係はどんなものでしょう？　誰もがフリーにものが言える開かれた現場、その現場作りに参加しませんか？

(38) 大いなるものが過ぎゆく野分けかな

秋に吹く疾風を野分けといいますが、大いなる野分けとは台風を意味するとのこと。私たちが台風と呼んでいるのは、主に北太平洋上で発生した熱帯性低気圧のことだとはよく知られています。中心の最大風速が17m以上のものが台風として記録されます。大西洋上で発生し、アメリカを襲うものは「ハリケーン」、インド洋上で発生するものを「サイクロン」と発生場所によって名前が変わるのはなぜなのでしょうか?

台風の発生個数は過去30年平均で26個。かなりの減少傾向にあります。そのうち平均して3個が日本に上陸しています。私たちの感覚では元寇を持ち出すまでもなく、台風襲来の時期を9月としていますが、30年サイクルでは、8月の28個が最も多く、次いで9月、7月の順になっています。ただ、9月に上陸した台風は伊勢湾台風に代表される大型台風が多く、私たちに強い印象となっているのでしょう。9月台風の時期に重なるように日本の南岸に現れる秋雨前線。猛暑をもたらした太平洋高気圧(小笠原高気圧)が南下し、北方から寒気を伴った高気圧があらわれ、暖かな高気圧と冷たい高気圧に挟まれて、大気は不安定になり、梅雨の秋バージョンともいえる前線が形成されます。大雨の元凶で、毎年各地に被害をもたらしています。

この秋雨前線が遠ざかると、代わって移動性高気圧が張り出し気持ちのよい爽やかな秋日和となります。天気の速度（高気圧・低気圧の移動速度）はおおむね1日に1000キロメートル、時速換算で約40キロメートルぐらいです。高く晴れた空に長く伸びた飛行機雲。いかにも上天気を思わせますが、この飛行機雲がなかなか消えずに残っているときは、お天気は下り坂。消えないのは上空に湿った空気（水蒸気の多い状態）が入り込んでいて、飛行機雲の拡散を邪魔しているからです。ぼつぼつ高山帯では紅葉の季節。行楽の前に空を仰いで天気を占ってみてはいかがでしょうか。

(39) 秋を色で感じて

10月の声を聞くと、町を歩いていてもフト香りがします。顔を巡らせると木犀《もくせい》の花の香り。普段、町に香りは少ないのだけれど、この時期は木犀の香りがして、気がつかなかった場所に木犀の木があることに気づかされます。江戸の始めに中国からわたってきたらしい木犀は、風が吹いたり雨が降ったりすると、黄色い花は道に落ちて、なにやら儚《はかな》げな風情を感じさせます。

木に咲く花は、咲くとその木がそこにあったと気づくことが多く、梅も桜もその一つかもしれません。香りで存在を明らかにする木もあれば、花の彩《いろどり》で明らかにする木もあり、植物の面白味を思わされます。

秋が深まっていくにつれ、木の葉は緑から黄色、橙《だいだい》、赤のどれかを経過して散っていきますが、その紅葉の時期はまさに錦秋と呼ぶにふさわしい色とりどりの季節でもあります。仕事でなかなか季節の色を見ている余裕がないといわずに、休みの日など、ぶらぶらと足を運んで季節が動いてゆくさまを感じることも、癒しのひとつのような気がします。

40代から50代、さかんに山に登りましたが、忘れられない光景の一つに上高地を経て、奥穂高に登った秋、まさに井上靖氏の「氷壁」や、「蛍川」など川三部作で知られる宮本輝氏の「錦秋」の描写そのものの色鮮やかな秋の中を歩いて、涸沢《からさわ》カールにテントを張り一夜。目覚めた翌朝は一面の雪景色に、季節の一瞬の切り取りを感じ、秋は本当に短いと驚いたことがあります。

この秋、皆さんの住んでいる町の秋は、どんな秋の色でしょうか？

（40）燈火親しむ秋の読書

近年は歴史に残るかもしれないと思うほどの豪雨、洪水、猛暑続きの年が多いので、早く秋になって欲しいと願う人は多いのではないでしょうか？　日本人が快適な温度と感じるのは、昭和20年の18度から現在では25度になったと言われます。快適温度を10度も上回る35度が毎日のように続き、場所によっては40度を超えた地域もありました。またバケツをひっくり返すどころではない激しい雨が、これでもかと降った地域もありました。誰もが異常気象と感じ、地球という惑星が妙な具合になってきた危惧を抱いたのではと思います。

少し秋を感じる頃となりました。中国は唐の時代の文人、韓愈《かんゆ》の詩の一節に「燈火《とうか》親しむべし」とあり、夏が去り、涼しくなった秋は本を読むのによい季節だとの意味から、読書の秋の言葉が生まれたといわれます。日本人は世界の国のなかで、最も本を読む国民のうちに数えられているそうです。確かにいわれてみると、なんと多い種類の本や雑誌の数でしょう。

本好きな私は、本屋さんを見つけると必ず立ち寄る癖があります。立ち読みをするわけではなく、どんな本があるのだろうか？　言ってみれば好奇心です。その好奇心が災いし自宅の部屋は本に埋もれています。いい本に巡り合った時の感動（もちろん読み終えた時の感動）は自分だけが所有した喜びの一種かもしれません。でも感動の確率は高くはないのが残念です。かといって、その本の内容が良くないとは限りません。私の知識・読解力を超えた本をなぜか買ってしまったりする癖が、感動の確率を下げているのです。ではその読み切れず負けてしまった本を捨てているのかと尋ねられれば、答えはいいえです。いつか読みとおしてみせる見栄が本を捨てさせないのです。阿部次郎氏の「三太郎の日記」は若い時からいく度となく挑戦を試みた私を打ち負かしている本です。今では本棚の表紙を見るとムッとするのですが捨てません。いつか完全に読もうと思います。

燈火親しむ秋、皆さんはどんな本を読まれますか？

(41) 日常の癖を考える

何気なくしているさまざまな動作にも、人それぞれの癖があるような気がしてなりません。皆さんは靴をどちらから履いていますか？　シャツの袖は左右どちらから通していますか？　歩くときどちらの足からですか？　靴下はいかがです？　私たちは必ずしも同じようではないような気がします。女性であれば眉や頬紅の左右も順序が違うかもしれません。わが家でもそれぞれ違ったり、ある動作は同じであったりでした。

日常、無意識にしている動作に差があること、これが癖なのでしょう。親が教えたとおりになっていないのは、教えてもらったやり方より、自分で身についたやり方のほうがシックリしたからだと思います。自分に合った癖は、それを癖とは意識しません。当たり前の動作です。だから他人が違った動作をすると不思議に感じます。

また、道の左右どちらかに寄って歩かなければならないとき、大半の人は左側通行をするとのこと。これからお読みいただくのは癖とはちょっと違います。旧国鉄の労働科学研究所で一つの実験を行いました。矢に似た形状のものを前方正面、左右各20度の方向から約２ｍの距離を空けて、被験者のお腹を目掛けて放ち、これに当たらないように自由に逃げさせる。それによって行動特徴を見出そうとする実験です。その結果逃げようとした人のうち、64％もの人は矢がどちらから飛んで来ようと左側に逃げたのです。さきほどの左側通行といい、退避行動といい人はなぜ左側なのでしょうか？ いくつかの理由が挙げられています。

右利きの人は当然、右足の蹴りが左より強いため自然に体は左、左へと曲がる癖があります。同じ性質から瞬間的な動きは右足を使うために体は左へと移動するといわれています。また脳の左半球優位からくるとの説もあり、心臓が左にあるための自然防御本能からくるとの説もあります。さて、皆さんはどちらに動きますか？

なにげない動作・癖について書いてみましたが、職場で、ご家庭で比べてみてはいかがでしょう。

(42) 旅で出会った食べ物

今は自宅にいても日本各地の名物を食べることができますが、やはり旅先での食べ物はその地の持つ雰囲気のなかで、また格別の味がするようです。私は今の仕事をするようになって1年のほぼ半数近くを日本各地で過ごすようになりました。そこで偶然に入ったお店で美味しいものにめぐり会った時は、感動とともに忘れられない思い出となっています。

最初にお話しするのは里芋の焚き物です。里芋を剥き、薄味で煮て、それの上に柚子をすりおろしたとてもシンプルな品です。口に入れると仄かな柚子の香りがいっぱいに広がり、白い里芋の温かい柔らかさが何ともいえません。醤油などを使っていないので里芋の味が損なわれることなく残って、3皿もおかわりをしました。店のご主人に作り方を教えていただきましたが、私は料理を一度も作ったことがないものですから、翌年、家人を連れて再度食べに行きました。

次の品は鮎の開き（一夜干し）。これもお酒にぴったりの肴です。大ぶりの鮎ではないので、手掴みで、ほどよく焼けた鮎特有の味を酒で喉に送り込むときの美味しさは言い表せません。あまりの美味しさにお店に無理を言って家に土産として持ち帰り、またお酒を飲んだものです。

脱皮したばかりのカニ、ずぼガニも素晴らしく美味しいものでした。生簀に入っているカニをその場で茹でていただき、酢などを使わずに、そのまま手で剥いて食べるのですが、お酒を飲むのも忘れ夢中にさせる柔らかさです。入ったお店はどこにでも見受けられる居酒屋さんですが、そこで出された肴は高級料理店（あまり行ったことはないのですが）に負けない味を持っていました。皆さんも教えたくない美味しいお店を知っておられると思います。

そろそろ温かい食べ物の季節になりました。お仲間と一献如何ですか？

(43) 秋の七草

亜熱帯から亜寒帯に伸びる日本列島。それぞれの地域で季節ごとに花が咲き、目を楽しませてくれます。町の中にも家々で植えられたり、自生した花がありますが、今回は、秋の七草について書いてみました。

春の七草はなんとなく花と言うより草の感じですが、秋の七草は大体が花でしょうと納得です。すすき、桔梗、なでしこ、女郎花《おみなえし》、萩、くず、藤袴これで七草ですね。

コスモスは？　菊はどうしたと思われるでしょう？　シンガー好きな人は吾亦紅《われもこう》はないのかと首を傾げるかもしれません。その前に、秋の七草とは誰が決めたというか、誰によって世に知られたかを調べました。奈良時代の有名な歌人の山上憶良《やまのうえのおくら》（子供の歌を多く詠んだ貴族）、万葉集にも多くの歌が残っていますが、その中に「秋の野に咲きたる花を指折りて、かき数うれば七種《ななくさ》の花」。これがもとになって秋の七草として定着したと言われます。いまから、およそ１４００年前には、もうこれらの花は日本で咲いていたのかと一種の感動を覚えます。皆さんが心配している菊は平安時代に中国からわたってきたので、奈良時代には無かったのです。コスモスはこの言葉自体が英語です。おわかりですね？　外国産。19世紀に日本に持ち込まれた歴史の浅い花でした。では吾亦紅の番ですが、花らしくない感じがしませんか？　そして6月から見られるので山上憶良は数えなかったのかもしれません。

いつもながら狭い我が家の庭に、秋の七草はありません。シュウメイギク（貴船菊）は今を盛りと咲いています。なかなか暇はないかもしれませんが、時間があったら七草、さがしてみませんか？　きっと見つかると思います。昔むかしの花が絶滅せずに残っていますよ。

(44)　あたたかき11月もすみにけり

この句を詠んだ中村草田男《なかむらくさたお》は松山の出身で、高浜虚子に俳句を教えてもらい、あの有名な「降る雪や明治は遠くなりにけり」を詠んだことで知られています。

猛暑が過ぎ、残暑らしい残暑もなく、気がつけば11月。そろそろ晩秋となっています。五段錦とよばれる錦秋が日本の秋を彩り、鮮やかな木の葉が目を楽しませてくれる季節となりました。

イチョウ（公孫樹）は東京都、神奈川県、大阪府の木としてシンボルマークとして使われ、よく知られています。その葉の色を黄色に染め始めました。

イチョウ並木として有名な神宮の絵画館前のイチョウを見に行く人も多いと思います。最近では昭和記念公園のイチョウ並木も知られるようになりました。

中国から渡って来たイチョウは葉が腐食せず始末に困ったものですが、エキスが医薬に使われて幾つかの病気に効能があることが分かってきました。イチョウの実の銀杏《ぎんなん》は火であぶって酒のつまみとなり、茶碗蒸しにも用いられて私たちの食卓に上ることの多い食材です。

あと旬日を経ずして雪虫が舞うのを目にすることでしょう。ここ数年暖かい11月ですが、朝夕の気温は日を追うごとに低く、寒い冬は意外と近くまで来ているのだと感じます。

秋の陽はつるべ落とし。4時を過ぎると灯りが欲しくなる時刻となり、現場では照明の準備に忙しくなります。インフルエンザも流行りそう、予防接種をお忘れなく！

(45) しみじみと酒

「♪ウイスキーが、お好きでしょ〜」石川さゆりさんのいわくありげな歌と、女優小雪さんの見事なコラボレーション。かなり前のCMでぜひとも飲んでみたいと思ったハイボール。早速に買い求めた私は、影響を受けやすいかなりなミーハーです。あのCMに出合わなければハイボールは飲まなかったかも知れません。とすれば、CMの影響はかなりのものです。

母親の遺伝子か20歳を過ぎてもアルコールをほとんど口にしなかったのですが、大学3年の時、試験の打上げと称して友人の下宿で飲み、全員が急性アルコール中毒に見舞われて、息も絶え絶えの有様。しばらくは宇津井健さんのウイスキーＲＥＤのＣＭを見ても気分が悪くなるほどに打ちのめされました。就職して10年ほど経ち、アルコールを飲むのも仕事という部署に配属され、やむなく口にしたのがブランディー。決して気取ったわけではなく、飲み干すまで注がれないのが理由です。下戸なりの逃げる知恵だったのです。

数年して父親の遺伝子が目覚め、アルコールならなんでもになってしまいました。賑やかな酒もいいし、一人来し方をしみじみ考えながら飲む酒もいい。真夏のビールの一口に勝るものはありませんが、涼しさを感じるころともなれば、ちょっとした肴を糧にして飲む日本酒も負けず劣らず胃の腑が納得。このように書くと鯨飲斗酒《げいいんとしゅ》なお辞せずと思われるかも知れませんが、好きなだけで強いわけではありません。

鯨飲といえば、歌人の若山牧水は毎日一升を欠かさないと言われるほどの酒豪だったそうです。だからこそ、かの有名な「白玉の歯にしみとほる秋の夜の酒は静かに飲むべかりけり」を詠んだのでしょう。この一首だけですと彼は本来一人酒が好きだったのでしょうか？　なんにせよ心を塞いでしまう飲み方は百薬の長ならぬものとお互い注意しましょう。若山牧水をもう一首。「人の世にたのしみ多き然れども　酒なしにしてなにのたのしみ」さあもう一献いかがです！

(46) ゴルフ場でフォアー

人がこの世に生まれて誰しも等しく持っているものは強弱あるでしょうが、身勝手さ、自己中心さではないだろうかと考えています。私が指摘されないまでも自分自身を身勝手であると確実に意識したのはゴルフを始めてからのことです。以前は自然を破壊しないとできないゴルフに全く興味はありませんでしたし、ゴルファーに密かな冷たい視線を送っていました。しかし、仕事でやむなくゴルフを始めてから30年以上が経過しました。

その頃、柿の木から作られたドライバーはパーシモンと呼ばれ、高額で手が届きません。安価な積層材で作られたドライバーで我慢せざるを得ませんでした。しばらくするとメタル・チタンと金属製が出回るようになり、道具を求める格好だけのゴルファーへと私は大きく変身していきました。

そうなるころには自然破壊のスポーツとは全然考えなくなってしまったのです。これを身勝手と言わずしてなんでしょう。

最近は人件費削減のためか、どこのゴルフ場でもセルフが多くなりましたが、以前はキャディさんの世話になりながらプレーをしたものです。彼女たちがいるのといないのではスコアが確実に変わります。ホームコースは別にしてビジターで行くと、どこに打ったらいいのか、芝目はどうか、素人には全く分かりません。

しかし、たとえキャディさんがいて、打つべき方向を示してくれてもハッシと打ったボールは打ち手の意思に関係なく右へ左へと飛んで、せっかく示してもらった効果はどこへやらの有様。ある日など、隣のコースへ打ち込むこと数知れず、その度ごとに彼女は「○○番さんフォアー」と大声で危険を知らせます。

私が「あなたたちの声はよく通りますね」と感心して言ったところ、答えて曰く、「お客さんたちが私たちの声を毎日鍛えてくださいますから」これには一同ギャフンとなった次第です。

(47) 蛍雪あっちこっち

2014年の夏、豪雨、洪水、猛暑で各地に大きな爪痕を残し、大勢の命が奪われました。「異常気象ですね」では済まされないほどに地球が病んでいるのでしょう。文明が進むにつれて、今まで不明とされてきた地球の謎が段々と解明し、それにより人類に今かなり危うい状況が迫って来ているのも否応なしに知ることとなり、不安をかきたてられてしまいます。

今から約2700年前に中国の小国として存在した杞《き》という国の民が天を支えているものが崩れて天が落ちて来るのではないかと心配したことから、ありもしないことをあれこれ心配することを杞憂という、皆さんに良く知られている言葉があります。私たちは杞憂ではなく確実に将来起こることを知っていますが、地球の、日本の将来を知ることが幸せなのか、知らないほうが幸せなのか分かりません。

地球の将来のことなど知る由もなかった晋の時代（日本でいえば飛鳥時代）に車胤《しゃいん》、孫康《そんこう》がいます。それぞれ家が貧しく油を買うことができないため、車胤は夏に蛍を集めて紙袋に入れて灯りとし、孫康は冬に雪の明かりでそれぞれが勉学に励み両人とも高位の役職に就いたところから蛍雪の功といわれることもご存じでしょう。

今から半世紀前、私にも蛍雪の時がありました。宮本輝氏の小説「蛍川」ほどではありませんが、家に近い川に蛍が群れ、友人と蛍を追いかけたり、雪が降ると雪合戦をした時代です。共に遊んだ友人も仕事を辞め、暇ができたので俳句・川柳の会に入ったのですが、添削ばかりで滅入ってしまったようです。先生に「遅すぎた？」と尋ねたら「学ぶということに遅すぎることはありません」と言われ奮起しています。いままさに彼は蛍雪時代を迎えているのでしょう。趣味でいろんなことに手を出した私ですが、私の蛍雪はどこに行ったのかと思うこの頃です。

(48) 白熊さんを考えないで

10月から寒暖の差が大きく体調を崩す季節になりました。先日、思い立って血液検査とエコー検査をしました。その結果を聞いて驚きです。どこも健康であることを医師から告げられたからです。「安心してください。あなたは全ての領域で健康です」。なんとなく気分が浮き立ちましたが、でも風邪はひいてしまうのです。寝込むほどのことはありませんが晩秋になると毎年のように風邪です。

今は正常ですが今年は春先に20年ぶりに1週間入院をしました。することがないので真剣に読書をしようと哲学書を持ち込みました。以前も哲学書にチャレンジして読み通すことが出来なかったので、今回は「哲学の教科書」なるものを持ち込みましたが、ダメ、全然分かりません。教科書が分からないのだから、私には哲学は向いていないと諦めたいのに、「使える哲学」「哲学塾」と続けざまに買い、放り投げました。

ならばと今度は心理学に挑んでいます。何冊かの心理学の本のなかで興味深い本にめぐり会いました。ハーバード大学で一番学生に人気のあるブライアン・リトル教授の「ハーバードの心理学講義」（大和書房）。手こずるけれど面白い。本のなかで教授はやはり有名な心理学教授のダン・ウェグナーの研究を紹介していました。それは考えることを抑え込もうとすれば、つまり考えないようにしようとすれば、かえって考えずにはいられなくなる、と言うものでした。タイトルにしたのはこの研究です。白熊について考えないようにしようとすることは、頭のなかに常に白熊が存在していることになります。シャットダウンしようとすればするほど白熊を意識せざるを得ないと言われています。私たちも特にすることの無い夜など、フト考えてしまい、「これはマズイ考えずに早く寝なければと思うほどに、そのことから抜け出せない」そんな経験はありませんか？

夜長、楽しかった、嬉しかったことを思い出し、それを考えないようにしたらはたしてどうなるのでしょうか？　どなたかトライしてみてはいただけないでしょうか？

(49)　秋は遠方にあり

晩秋とよばれる時季になりました。日本の四季で春夏秋冬いずれが日本人が好きなのか、春が一番人気です。ついで秋、夏、冬の順でした。皆さんはどの季節が一番好きですか？　私は、長い冬が終わり、花が咲き、若葉の春も捨てがたいのですが、秋でしょうかね。錦繍《きんしゅう》と呼ばれ、木々の葉が色とりどりに鮮やかに映えるのと、短い時間でその姿を消し、落ち葉となっていく様は、もの悲しげでもあるからです。春は若々しく、秋は鮮やかではあるけれど、寂しさをも伴っているような気がします。

さて、秋を感じさせるころになると、鉄道会社や旅行会社では色鮮やかな秋をバンバンとCMで流し、視聴者に秋の観光意欲をかきたて、今、行かねばの気持ちにさせてくれます。我が家の家人もそのCMにいともたやすく乗ってしまうたちなので、今年はどこに行こうかと財政も考えずパンフレット集めに余念がありません。私の家の近くにも寺もあり、短時間で行ける紅葉のスポットもあるので、遠くまで行かなくても秋は近くにあると言いますと、やれ夜間照明がないとか、雰囲気が違うなどと言い立て、聞く耳をもちません。やはり、秋は遠方にあるようです。

皆さんの秋はどの辺にあるのでしょうか？　私は日頃の罪滅ぼしと諦めて、狭い庭には紅葉や椿、山茶花《さざんか》などの木があるにもかかわらず、毎年、遠方の秋に付き合っています。その秋もだんだんと冬に移り変わろうとしてきますと、北国や高い山では初雪のニュースも聞かれます。

(50)　減る〇〇や昭和は遠くなりにけり

有名な俳人、中村草田男《なかむらくさたお》が「降る雪や明治は遠くなりにけり」を詠んだのは昭和6年だそうです。たまたま出身の小学校に足を運んだ際、小学生のころを思い出しているとき、雪が降ってきて、この句を詠んだと言われています。

明治は45年、昭和は64年（1月7日まで）同じ年号では日本で一番長く続いたのが昭和です。平成は史記の「内平かに外成る」、易経の「地平かに天成る」を出典とし、国の内外、天地とも平和が達成されるという意味があることから採用されましたが、なんのことはなく、世界は動乱の渦の連続です。平成2年には湾岸戦争やソ連の崩壊があり、平成3年からはバブルの崩壊が始まりました。阪神淡路の大震災、オウム真理教のサリン事件は平成7年でした。そして平成23年は東日本大震災が発生します。平成になって景気がいいと感じることはなかったのではありませんか？　ただ身の回りをみるとインターネットの世界が急速に普及しています。多くの携帯電話はスマートフォンにかわりました。

昭和生まれの人口はおよそ73％、平成生まれが25％ほどでしょう。いまではすっかりなじんだ平成です。30年余もあったのですね。昭和も遠くなったものです。

タイトルの○○には、皆さんが思う言葉を入れてください。どんな言葉が1位になるのでしょうか？

(51)　古本始末で知ったこと

一概に本好きといっても文章を丁寧に読む本当の読書家もいれば、斜め読みをして速読家と言われる人もいます。私は、斜め読みの部類に入っていると思っています。読み始めると読み切って結末を知りたく、気がつけば外が明るくなっていたり、電車を乗り過ごしてしまったりは数知れず。そんな斜め読みですから、読んだ本の内容を忘れて、同じ本を買い、数ページ読んで以前読んだ本だと気がつきガッカリしたりしています。ハードカバーから文庫本、ジャンルを問わず面白そうと感じた本を気軽に買っていたら、それでなくても狭い書斎に本があふれてしまいました。

本棚に二重三重に積み重ねられては、どこにどんな本があるのかさえ分からなくなり、先日、思い切って幾つかの処分を思い立ちました。読み返すことなく一度しか読まれていない本は、帯がついたまま綺麗な状態です。知人が本の買い取りの店があると教えてくれましたので、車に積み込み、幾らになるかと皮算用。その数、４００冊。大手買取店に持ち込み待つこと30分。1メートルにもなろうかという明細で個々の本の値段が示されて、目が点。５千円と少しです。５円、10円、20円、高いので２５０円。なかには値段が無い本も。脱力状態とはこのことです。状態が良く、かつ読んだ私は面白いと思った本がこの価値しかないとは。古く(何十年ではありません)なったとはいえ、今でも本屋さんで売られているものが圧倒的なのに。書かれている中身の変わろうはずのない本も売るとなるとタダ同然です。あとから知人いわく、売る時期は年末と3月は特に持ち込む人が多く値段は普段より安いとか。有名作家のなにがしかの賞をとった初版本を持ち込まなかったことが、せめてもの救いです。書斎はだいぶサッパリしましたが、財布の中もサッパリしたままです。

(52) 巷にあふれるマスク姿

街を歩いていても、電車に乗っても目に入ってくるマスク姿。昔からマスクをしている人はいたけれど、最近はそこらじゅうでマスク姿を見かけるようになりました。マスクをしている人は予防なのか、風邪なのかはたまたインフルエンザなのか、単なる保温なのかさっぱりわかりませんが、とりあえず君子危うきに近づかずで、出来るだけ離れるようにしています。皆さんはマスク姿を見てどのように反応しているのでしょうか？ インフルエンザは以前は香港型とかソ連型とよばれていたような記憶があるのですが、今は、A型、B型と呼ばれています。この冬も大流行して全国万遍なくインフルエンザ警報です。「おれはB型だよ」といわれても誰も血液型のことではないと思うほどに。

マスクはある程度の予防になるとはいえ、完全ではありません。フト立ち寄った喫茶店、軽く飲もうと入った居酒屋。私たちはマスクを外します。さてそのマスクをどうしています？ マスクに効果があるのはウイルスを遮断することですが、ウイルスが付着したマスクを手にしたり、あるいはそのマスクに触れた手で顔を拭ったりしてしまいそうです。その都度、使い捨てが一番いいらしいと知りました。マスクに節約の精神を働かせるなどもっての他と教えられました。しかし、と、しつこく考えます。マスク姿は日本、中国、韓国などアジア系に多くみられます。他の国から来た観光客は、この時季、マスク姿にあふれる日本をどう感じているのでしょうか？

季節は春。寒さは相変わらずですが、梅のつぼみを見るようになりました。

昔、平安の頃。２月の色は今様色と呼ばれたようです。感じとしては薄いピンクと少し濃いめの紅梅色のまざった、まあ春の感じのする色です。インフルエンザ予防をしながら、本格的な今様色の春を待とうではありませんか。

〈現場へのひと言〉

25 間違ってもいい、優先度低くてもいい

従来の危険予知に替わって、「この作業で、こんなエラーや不具合が発生したら、こんな災害になる」こんな危険性・有害性の特定をして、見積り評価を行い、優先度（リスクレベル）の高いものについて低減措置をとるリスクアセスメントが、多くの作業所で導入されています。

潜在危険の洗い出しで最も大切なことは、「もしかして、こんなエラーやこんな不具合

が発生したら」のイメージを持ってもらうことです。起こりえないと笑われはしないか？優先度が低いのばかりいうと思われないか、などと引っ込み思案になってはいけません。あなたの中にある「もしかして・ひょっとしたら」を言葉にしてください。見積り・評価は後のことです。大切なのは、「この作業で、こんなエラーや不具合が発生したら、こんな災害になる……かも知れない」ことを発言することです。

㉖ 健康配慮義務

健康管理は個人の責任。そんな考えが背景にあって、安全管理に比べて立ち遅れていたのが現実です。いままでは最高裁の判決（平成12年）で健康管理は健康配慮義務と相俟《あいま》って、事業者の責務と認識されるようになりました。労働に従事させることによって、心身の健康が損なわれないように、また病んでいる心身が増悪しないようにあらゆる手立てを講じることが求められます。

ただ単に「残業をするな」とか「有給休暇を取得しなさい」と言った程度では生活指導の領域でしかありません。生活指導だけでは健康配慮義務を全うしたことにはなりません。事業者にはもっと高いレベルでの健康配慮義務が求められています。職場で心身の健康管理にどう取り組むかを話し合ってください。

27 肉体年齢を知っていますか？

高齢化社会は労働の場にも表れています。55歳以上の就労者は建設業では、33％を超えています。65歳以上の建設業就労者はおよそ35万ともいわれています。高齢化が進む、でも個体差が顕著になり一概に高齢者だというわけにもいきません。

健康診断では分からない肉体年齢を遊び感覚や、ゲームを取り入れて知る。そのことによって、適正な配置をすることが必要です。あなたの平衡感覚や敏捷性は何歳でしょうか？

28 動体視力

毎回、研修や講演のときに建設従事者の高齢化の話をいたしますが、加齢からくる身体能力は教育ではなかなか補うことは出来ません。ですから会社も本人も機会をとらえて身体能力を知ることは大切であり、それによっては仕事の配置も考えなければなりません。そんなことを言っていた私ですが、今回、免許証の書き換えにあたり、高齢者講習をうけました。そこでわかったのは自分の動体視力です。45。これは時速45キロメートルで走行しているときに、周囲のものを見分けられる限界スピードと言われました。イチロー選手が打てなくなったのは動体視力が年齢40歳台から下がったからだそうです。私は45キロメートル以上でも、勿論見えるのですが、ハッキリと見分けることは難しいと断言され、これからもっと安全運転を心がけたいと思います。一緒に高齢者講習をうけた方のなかにとんでもなく動体視力があった人がいて、前職はジェット戦闘機パイロットときいて納得。まだ大丈夫と思っても自分の身体能力を知ってください。

㉙ 基本ルールの大切さ

安全のためのルールは守られるのを前提としています。ハードルのとても高いものでないルールは誰もが守れるレベルの基本のルールです。組織のなかで誰かがその基本ルールに背いたら、組織はいったいどう変わってしまうのでしょうか？　安全の崩壊の始まりです。

「自分のことは自分で守る」、だから自由に仕事をさせてほしいと守らない人は言うでしょう。でも人は必ずエラーをする生き物です。そのエラーをできるだけ防ぐために考えられて存在する防波堤の役割をする基本ルールは重要なのではないでしょうか？　とはいっても押し付けのルールではなく必要性を説明し、納得してもらうことも大切です。組織で仕事をする中での幾つかの約束事、それが基本ルールです。

(53) こがらしや海に夕日を吹き落とす

11月下旬ともなると日本各地で木枯らしが吹き始めます。しかしニュースとして報道される「木枯らし1号」と呼ぶのは、なぜか大阪・東京の気象台だけなんです。

大体風速は16～20m程度ですが、この俳句のように海に吹き落とす木枯らしとは一体どれくらいの強風なのでしょうか？

酷暑の夏がいくらか懐かしくなりはじめる気候となりました。冬の気象に縦じま模様と呼ばれるものがあります。冬が近づくにつれ、天気図はゆったりとした等高線から間隔の狭い、それも南北に走る等高線に変わってゆきます。

けわしい山の等高線が狭いのと同じように間隔が狭いと、それだけ気圧の傾きが急なので大陸から寒気がどんどん流れ込んで、木枯らしの季節がやってくるのです。これからは天気図が毎日のように縦じま模様となって寒い冬を迎えることになります。

夏の間は敬遠されていた鍋物が食卓に上ることが多くなり、柚子が香りと味の引き立て役として使われます。かんきつ類は秋から冬に登場することが多いようですが、その一つに橙《だいだい》があります。日本では、橙は家内代々の安全を約束するめでたい果実としてお正月の飾りにされています。

一説に、熟した橙を取らずにいると春には青色に戻るから、あるいは採集しないまま翌年花が咲くまで枝から落ちないから「代々」と呼ばれるのだそうです。

この橙の色は黄赤が正しい呼び名とされていたようですが、かなり昔から単に橙色と呼ばれています。黄赤系統の色は紅にも金にもなりきれない中途半端な悲哀の色とされた時期もあったのですが、いまでは赤の自己主張と黄色の明るさを兼ね備えた陽気で目立つ色として使われています。

私たちの作業服ももっと明るかったら気分も変わるかもしれませんね？

(54) 日本語が変わった？

一体、世界にどれほどの言語があるのでしょうか？　６０００語ともいわれますが民族・部族の合同、消滅により現在は４５００ほどになっていると思われます。一つの国に一つの言語ではなく、部族ごとに言語を持つ国は少なくありません。一例を挙げればパプアニューギニアには８７０もの言語があるそうです。わが国のように一国家一言語は世界の30％（英語検定協会調べ）だそうです。

言葉は時代とともに変化をする生き物です。日本語も明治以前と以後では変わりましたが、戦後半世紀の間に随分と変わった気がします。この変わり方の早さに驚きと一抹の寂しさを感じています。

映画が好きで、昔の映画をレンタルで観たりもします。昭和40年から50年の日本映画はほとんどがモノクロでした。色彩には個々の色の主張があるように思えますが、モノクロにはそれがないぶん、セリフやカメラで作品の主張をしていたのだと感じています。

例えば小津安二郎監督の作品の中ではカメラをなるべく動かさずに人物表現をし、会話はゆったりとしています。言葉は柔らかく心地よく聞こえます。日本語は世界言語の中でも難解だといわれますが、その難解な日本語を使いこなし、余韻を持たせていた日常の会話が最近どこかにいってしまったかのような気がしてなりません。単語をつないだだけの会話が多くなったとは思われませんか？

カタカナでしか表記できない日本語と和製英語や、逆使いの言葉（「全然素敵」など）は、何時ごろから氾濫するようになったのかと首を傾げてしまいます。社会の動きが早くなったのにつれて日本語も早くなったのかもしれませんが、失われていくきれいな言い回しが懐かしく思えてなりません。この先、日本語はどのように変わってしまうのでしょうか？

(55) 懐かしきかなガラパゴス

東太平洋にあるガラパゴス諸島は固有の進化をとげた生物がいることで知られていますが、これからの話はガラパゴス諸島のことではありません。今や日本人の人口を超えた携帯電話の話です。私が勤務していた会社は早くから工事、営業、安全の管理職にD社の携帯電話を持たせていました。どこで何をしているか所在不明な職員に連絡をとる必要があったものと思われます。もちろん、通話料金は会社負担でした。

定年を迎えた時、退職金の上乗せではないでしょうが、携帯電話をくれました。これからの通話料金は「ご自分で」の言葉を添えて……。どんどん進化を遂げた携帯電話ですが、不必要なアプリが増えてきました。以前の携帯電話からスマートフォンに替えてかなり操作に戸惑いました。やっと使いこなせるようになったころアップル社の iPhone5 が発売され、使っていたスマートフォンの電池の消耗の速さに難儀していた私はD社の iPhone5s に変更しましたが、従来の携帯からスマホに替えた以上に使いこなせていません。

もはや携帯電話と呼べる代物ではなくなっていました。スマホは電池の持ちが悪く、どこに行くにも充電器は欠かせず、それに比べるとガラケーは電池の持ちはとてもいい。でもそれだけです。拙文をお読みになっておられる読者の方々はアプリをどれほど使いこなしているのでしょうか？今まででしたら不明なところはD社営業所で教えてくれましたが、iPhone はアップルセンターに行かないと教えてもらえません。そのセンターは東京で数カ所しかないのです。

先日クラス会があり、そのことを話しましたら皆口々に使い方が分からないといいます。娘が勤めから帰ってくるのを待って、「使用方法を教えて！」娘さんは「帰ったばかり少し待って！」母親は「ちょっと！私は朝から待っていたの！」――笑い話ですが、これが私たちの年代の現状です。

国内で独自の進化を遂げたガラケーが今となっては懐かしく思えます。せめてもとのスマホに戻りたい。けれど、まだ分割が残っている、嗚呼……。

(56) 失われる季節感

12月、いわゆる師走です。奈良後期の書物に僧侶が新しい年を迎えるにあたって、各家々が僧侶に読経を依頼し、そのため普段はゆったりと構えている僧侶も東西南北忙しく行き来するさまを「師馳す」と記述しています。これが現在の師走となったという説が、なんとなく説得力があって新暦の12月も師走と呼ばれるようになりました。しかし僧侶が忙しいかどうかはさておいて、私たちは一年中忙しく過ごしていませんか？　毎月、毎日が何かに追われるかのように過ぎていく。そんな日々を送っているせいか春夏秋冬の季節感があやふやになってしまいました。

忙しいだけではないかもしれません。家の中の、あるいは会社の中の温度も季節感を失わせる一因かもしれないと考えています。以前にも書きましたが、日本人が快適と感じる温度は25度。節電の折から25度より若干低めかもしれませんが、21～22度に温度設定されていて、外に出ないと暑さ寒さを実感できない、そんな生活に慣れてしまっているのではないでしょうか？　日本の四季は大変はっきりしているのに、いつからが春だったのか、夏だったのか、はたまた冬になったのかが分からないのは、少しもったいないと思うのです。

暦は1月、2月と続きますが、毎月の別名を私たちはいえますか？　例えば1月、睦月といいますが、これには親族一同が集まり宴を催す「睦び月」からそう名が付けられました。2月は如月。まだ寒い、だから衣を重ねる月。3月は弥生。草木が元気に茂るさまが詰まった呼び名です。どーんと飛んで、10月、神無月は多くの方々も由来をご存知です。このように日本には季節を感じさせる別名があります。どうですか？　ただ単に1月だ、2月だと言わずに、せっかくの別名を使って季節を暦からでも感じてみてはどうでしょうか？　師走になりました。気ぜわしく過ぎてしまったこの一年を振り返り、来る年に何か生かせるものがないかを考えてみたいものです。

(57)　年賀状あれこれ

新年の挨拶を書状にて行ったのは奈良時代がはじめとか。いまのように年賀状としてはがきをもってするようになったのは明治になり郵便はがきが発行されてからと知りました。私が年賀状を書くようになったのは小学校に入ってからのことです。普段、顔を合わせているために手紙を書く機会などなく、なんとなく面白半分に書いたり、長ずるに及ぶと気になる異性に送って、返信（多分仕方なくとは思いますが）の年賀状が届くとわずかな文字を何度も読み返したりしました。調子に乗ってクラスの仲間に誰それからもらったなどと吹聴したことを昨日のように思い出します。もちろん、返信とはいわずに。

退職するまでは必ず手書きの年賀状を、それぞれ相手を思い浮かべて書いておりました。年に一度の手紙の代わりというわけで。いつのころでしょうかパソコンを使っての年賀状が手書きを席巻するようになったのは。流れに流される私は、いつしかその仲間入りをするようになりましたが、いまだに手書きで、しかも時間がかかったと思われる年賀状を頂くと、その人に手抜きをしてしまった罪悪感をもってしまいます。

昭和23年から干支の図柄の入ったはがきが売り出されると、あいさつの箇所に干支をデザインしたものが多く見られるようになりました。近況を添えてせめて友人には昔の手書きに戻ろうとの思いはあるのですが、多分、楽なほうを選択せざるを得ないかも、と心もとない具合です。

本書の原稿を数年かけて思い付くまま書かせて頂き、今さらながら覚えたことがあります。言葉は同じでもニュアンスが異なることによって、聞く人の受け止め方は違うということ。たとえば夜行列車と夜汽車。同じことなのですが、読者の皆さんは二つの言葉にどのような違いを感じられますか？　日本語とはなんと余韻を持たせる素晴らしい言葉なのでしょう。大切にしたいですね。

30 なんとかなる安全はない

工事に設計図書が不可欠なのと同じように、作業での安全にも計画が欠かせません。計画を実行することも欠かせません。工事が細部に至るまで図面などによって施工されるように、災害防止計画に沿って必要な活動を行っていただきたいと思います。

「作業は日々繰り返される。だから安全活動もなんとなくしていれば、なんとかなる」果たしてそうでしょうか？　計画は作ったが、履行していない安全活動は絵に画いた餅です。管理監督層だけが行う安全活動は作業所には意味を持ちません。

毎月の協議会で翌月工程での安全を考え、毎日の打合せで翌日の安全を考え、それらを作業所の全員で実行してこそ効果があると思います。

災害は法律違反をしていなくても発生するものです。作業所のどこに、作業のどこに危険が潜んでいるかを忘れてはなりません。師走を迎え、気持ちに焦りが出るころです。

今一度、計画をチェックし、普段に増して安全活動のレベルを高めてください。

31 有害因子から身を守ろう

大阪高槻の阿武山古墳は、藤原鎌足の墓との説が強いです。埋葬されている骨をX線写真でみると腰椎骨折のほかに、肘の部分に異常があることが知られています。どうやら弓を引くことによる異常といわれていますが、今でいう職業病でしょう。

わたしたちの作業にはさまざまな有害因子が存在しています。有害因子は職業病の原因となっていますが、ケガと異なり、すぐに体がどうなることがないため、作業に携わる人に危険の認識が薄いきらいがあります。有害因子は徐々に体を蝕《むしば》み回復不能にする恐ろしい存在であることを職場で再確認してください。

保護具は墜落制止用器具（以下「安全帯」と表記）や安全靴、ヘルメットだけではありません。衛生保護具を積極的に使用して、有害因子から身を守ってください。

32 偶然の災害？

多くの会社は重篤な災害を数多く経験なさっていません。従って災害が発生しても安全管理上の欠陥としてとらえることよりも、たまたま起きてしまった災害として考えてしまう傾向にありはしないでしょうか？　災害はたまたま起きるものではありません。作業があるところ必ず災害の危険性は存在するのです。

ですが、頻繁に発生しないからといって平穏な日常作業を漠然と当たり前のように期待していませんか？　危険を意識しなくなるほど危ういことはありません。危険を意識しなくなった組織ほど危険にさらされていることを知って頂きたいと思います。いつまでも運が味方してくれるとは限らないことを心に留めてください。被災者には多くの社会、守るべき人がいるのです。

㉝ 初心忘るべからず

「慣れる」と「慣れ」、ひらがな一文字があるとないとでは少し感じが違ってきます。「慣れる」には習得、習熟といった雰囲気を感じますが、「慣れ」には、油断とか過信といった雰囲気があるように思えます。

ヒューマンエラーを起こす背景に、人間特性（ヒューマンファクター）があることは知られているところです。その一つに「慣れ」があります。誰もが同じ仕事を長くしていると、その仕事に付きまとう危険を危険と感じなくなりますが、それが「慣れ」なのではないでしょうか？

　初心忘るべからずは良く知られている言葉です。どんなに仕事に慣れていても（習熟していても）心の中にある「慣れ」を排除したいものです。

第2章

安全文化考

（1）ちょっとの作業でも心を引き締める

作業のなかで安全を無視してよいとの思想はありません。しかし、常に安全を考えながら作業を行っているとも断言はできません。そんな私たちの安全を検証したり、人間であるが故のミスなどを考えていきたいと思います。

低危険度レベルでの災害

非常に危険と思われる作業より、災害はもっと低い危険度作業で発生していることが少なくありません。このことは会社や作業責任者そして作業に従事している人が、危険というものが何に拠るかを知らないからでしょう。危険は仕事の困難さとは必ずしも一致しないものです。

むしろ作業に当たって、ある程度の緊張を保てないこと自体が危険と思われます。作業に慣れるにしたがってさほど危険と思われない作業に、私たちはつい気を緩めがちです。高所とはいえない場所からの墜落災害・準備段階での災害・移動中の災害、どれも危険度レベルは低くそして災害は多発しています。危なくはないと感じたら、心を引き締めることが肝心です。

すぐに終わる、そんな作業での災害を見たり経験したことはないでしょうか？

このことは作業に当たっての安全の心の準備を必要としないからこそ起きているのです。災害は作業時間の長短で必ず発生するわけではありません。

そのことは理屈で分かっていても、ついつい短時間作業では安全をおろそかにしがちです。作業には危険は付き物だと肝に銘じて短時間であろうとも、しっかりとした手順や安全を心がけてください。

短時間作業での災害

1 危険箇所を承知で災害に遭う

魚や動物、つまり人間以外の動物は危険と思われる状態のなかには決して入っては行きません。昔読んだ「哲学前夜」という本では、このように書かれていたようです。いわく「魚は危険と思われる場所には行かない。人はそこが危険と承知をしてなお危険な場所に行く。何故そんなことになるのか？」——。

危険であるとの認識があればあったで、その危険を自分は回避できると思い込んでしまうことがあります。自分だけは危険を回避できると自分の経験を過信する「除外の理」です。危険箇所と単に感じていても、どんな危険がどんな時に、どんな形で出現し、その場合どのように対処するかを決めている人は少ないのです。バクゼンとした理解で危険箇所に入って行くことは止めましょう。

(2) 懸命ミスを防ごう

律儀で勤勉な日本人

真面目で責任感の強い人ほど、この種のミスによって被災するケースが多くあります。日本人は他所の国の人に比べて「律儀さ」と「時間の観念」を併せ持っているといわれてきました。最近はどうもいくらかいい加減になったといわれますが、まだまだ「律儀・勤勉・義理・人情」は私たち日本人の特質だと思います。人任せにしない、できない。人の仕事（特に部下）も自分の責任の範囲と考えてしまい、注意力が薄れケガに結びついてしまっています。

懸命ミスを発生させてしまう元もとの原因はなんなのでしょうか？　また懸命ミスはどうやって防いだらよいのでしょうか？　管理監督層の方は、作業に携わる人々に対して、何があっても目標の取り違えをさせないでください。

工事の進行を妨げる要因は建設業に多く存在しておりますが、当初の目標は如何なる時も安全施工であったはずです。手順の順守は絶対のルールとして存在し実行を求められていました。懸命ミスは「目標を取り違えてしまった結果」発生します。頑張って働いた人、その人は責任を感じるあまり最初の目標を忘れてしまったのです。管理監督の立場にある人は常に目標を繰り返し伝えてください。災害が発生したらその人の努力は水泡に帰すだけでなく、人命そのものが失われるかもしれません。

一人の人間でできることは限られている。このことを常の言葉としてください。全員で取り組むことこそが高い効率となることを指導してください。

2　災害の可能性に厳しく臨む

今まさに労働災害が発生してしまうのではという状況。これを災害の可能性といっています。誰もが人の振りをあれこれいいたくはありません。自分自身もときにはしてはならない行動を取っているとしたらなおさらです。しかし、このまま見過ごしていたら災害が発生してしまうのではと感じたら、すぐさま注意をし、その行動を止めさせてください。職長に求められる事柄はいくつもありますが、職長が持たなければならない気概は、見てみぬ振りをしないことにつきると思うこともしばしばです。普段から風通しのよい人間関係は「言いやすい」「受け入れやすい」雰囲気をつくります。良好な関係こそが災害の可能性に厳しい態度で臨めて、相手もそれを受け入れるのではないでしょうか？　貴方はどうです？

(3) 集中力を切らさないで

工事の終わりに災害が……

不思議なことに工事の最繁忙期よりも、工事の終わりに災害が発生することが多くあります。このことは作業に従事する人、作業を管理する人それぞれが工事の終わりを気にするあまり安全の決まり事から関心が薄れて、工事のまとめに神経が集中しているからです。私たちの安全の決まり事は工程の進みに影響されるべきものではありません。

理屈ではおそらく全員が分かっていることでしょうが、なぜか時間に引っ張られる感じで作業をしてはいないでしょうか？　日本人の几帳面さが時間と災害をつなげているような気がします。最後まで安全であることの大切さを忘れずに作業に当たってください。

「焦りミス」に気をつけて

職長やベテラン作業員が指示外作業で被災するケースがあります。作業員の手配・工程などを考えて自分の能力を超えて作業にあたって、その結果被災するのはなんとも救われない気持ちにさせられます。作業のボリュームと作業員の配置が上手く釣り合いがとれていないとき、職長などは律儀さがあり信頼を尊ぶあまり、自分が何とかしなければという懸命ミスと呼ばれる落とし穴に落ちてしまったのです。

焦りは当然のことながら注意力や集中力を低下させてしまいます。どんなに仕事ができる人でもオールマイティでもなければ、ノーミスでもありません。懸命ミスや焦りミスを起こさないために普段の打合せを十分に行い、万一手違いがあった場合でも落ち着いて対処してください。

3 簡単作業でもリスクはある

分かりきった作業で手順を守らずに災害に遭遇するケースは後を断ちません。緊張の度合いが低く、いくらでも作業に応用がきくと思っているためです。そのような気持ちでいるとき、安全への気配りはほとんど存在していません。目の前の作業だけに気をとられて、とにかくこの仕事を終わらせようとの意識のみが働いています。単純な道具を使い、あるいは材料を運ぶ、そんな作業でも危険がないわけではないのです。リスクレベルが低いからといって、災害の発生がないとはいえません。人と物が接触する限りにおいて危険がゼロになることはありません。誰にでもできる作業では誰しもが災害に遭遇するのだと気を引き締めて作業してください。すべての作業に手順は存在していることを忘れては困ります。

(4) 事故を経験せずプロになる

危ないことができて当たり前？

昔は「一度や二度は痛い目に遭わないと一人前の職人にはなれない」こんなことが言われていました。経験しないと分からない、プロフェッショナルになるには危ないこともできて当たり前のような風潮が現場のなかにありました。今でも残っているとしたら、それこそ危険な思想です。危険を知ることと、経験することは全く別のしろもの。何が危険であるかは、正しい作業方法と、そうでない作業方法をすでに山ほどある災害や事故事例と比べることで十分に理解できることです。

その災害・事故事例を自分のことのように考えたことはありますか？「こんな災害があった」と見せられても、通り一遍のように扱っていたのなら、そんな人は災害に遭わないと一人前になれない人かもしれません。ただし運良く作業に戻れたらの話ですが。危険を学ぶことは安全を学ぶということです。どちらが前でも後ろでもかまいません。

建設の仕事は、自ら手を使い、身体を高所に預けて作業をしなくてはならない仕事です。どうか、安全な作業方法をいかなるときも自分の命綱だと思い、守ってください。監督者の方は、無理な作業や指示を絶対にさせてはなりません。その立場の人こそ災害や事故を経験させずにプロに育てあげる使命を担って頂きたいと思います。

4 小集団活動を自分のものに

古代ローマでは皇帝、元老院、市民集会と呼ばれる3つの権能が存在しました。立法権は皇帝および元老院（今でいう国会）にあり、ローマ市民権（納税の義務と兵役の義務を持った人）を持った人々で構成される市民集会では、皇帝や元老院で作られた法律の可否を決定することができました。つまり自分たちローマ市民にとって受け入れることのできない内容の法律に拒否権を持っていたということです。これは、他の国家には古代から現代にいたるまで見ることのできない政治形態です。自分たちは法を作れない、しかしイエス・ノーは決められた。それが市民集会です。

作業所の安全衛生計画の作成に作業員の人は参加していません。打合せにも参加せず、指示されるままに作業をしています。自分たちの安全・命を人任せにして良いのですか？作業前の安全ミーティングは大変に重要な市民集会です。危険作業に回避手段のないまま、作業指示がなされていたらノーを発言し、回避手段を自分たちで見つけだし、このようなやり方でないと安全作業にならないと、指示者に対して提言を行ってください。

さっさと仕事をする前に、まず示された作業指示の内容が安全が確保されているものかどうかを小集団活動のなかで確認をしましょう。元請、下請を問わず、管理監督の立場にある人は、小集団のなかで出されたノーに対して、単に指示を押し付けることなく、ノーの意味するところを真剣に考え、再度、作業指示が安全を伴っているかを検討して欲しいと思います。

(5) 教育指導を効果あるものに

相手と正面から向き合う

仕事を教えることは、安全も一緒に教えることだといわれます。指導する立場の人はそのことをよく理解しているでしょう。しかし仕事は教えて覚えてもらっても、安全を同じように覚えてもらうことは、かなり難しいことだと思います。それは人間であるが故の特性やら、性格、感情といったものがどうしても教わる側にあって、自分勝手な判断での行動をとりがちだからです。

昔、こんな話を聞きました。「安全を教えるのは、賽の河原の石積みに似ている。積んだはじから崩れてしまう」と。根気が求められるものです。でも諦めないでください。一度言って駄目なら二度言ってください。二度言って駄目なら三度言ってください。指導するあなたが諦めたら、災害を認めてしまうことになるのですから。

キレイな言葉や正しい日本語で話す必要はありません。あなたの言葉で話すことが一番効果があるのです。相手の命を守ってゆくために欠かせないのは相手と正面から向き合う安全指導です。借り物の言葉はいりません。

誰もが一人前になる過程でいくつも失敗を重ねてきたことだろうと思います。そのなかには「みっともない失敗」もあることでしょう。できることなら、その失敗を忘れてしまいたいかもしれません。指導する人にお願いしたいのは成功したことより失敗したことを教える勇気を持ってください。

教わる人は、まさかあなたがそんな失敗をしたことがあるとは知らないでしょう。そして、その失敗がどんな結果を招いたか知りたいでしょう。この「知りたい」という興味を持たせることが、指導するうえで欠かせないのです。また、自分をやかましく指導する人にも、こんな失敗があったのだと知ることで、指導する立場とされる立場の距離はぐっと近づいてきます。そのことは、これから指導を続けるとても良い関係を築いてくれると思います。

指導者にはみずから自分をさらけだすことが求められています。

5 安全に欠かせない人間関係

職長教育を受講された人は習ったと思いますが、より良い人間関係をつくってゆくことは安全に欠かせないものです。

人は個性を持ち、個性と個性が集団を形成してひとつのチームを構成し仕事をしてゆくわけですが、個性はさまざまなので、相手を理解していないと関係がギクシャクしてしまいます。それぞれが相手の立場や考えを知ろうとする態度が不可欠です。責任のある立場の人ほど目標達成のためにチームの協力を得て、意欲を盛り立ててください。建設業労働災害防止協会では、より良い人間関係をつくる4つの基本原則をまとめていますので紹介します。

①「自分をよく知ること」と「自分を反省すること」

自分の長所と短所をしっかりと認識して、感情的にならずに相手と接してください。

②「相手の立場を理解すること」と「相手の自尊心を傷つけないこと」

自分と相手を知ることは、人間関係を良くする基本です。人間関係がうまくいかないのは、めいめいがとかく自分にこだわって、相手の立場を理解しようとしないからです。

③「お互いに協力し助け合うこと」

建設の仕事は自分だけではできないことを肝に銘じ、それぞれの仕事は密接に結びついていることを理解し、協力し合ってください。

④「お互いに意思の疎通をはかること」

お互いに考えていることや、感じていることを伝え合うことによって、人間関係が円滑になっていきます。黙っていては人間関係はやがて行き詰まってしまいます。一言でいえば日ごろから肩肘張らない縁側コミュニケーションを心がけることです。

(6) 続・教育指導を効果あるものに

答えをすぐに提供しない

部下が、あなたに仕事の指示を仰いできました。さてどうしますか？　大半の人は、即座に「〜しろ」と答えるでしょう。答えをすぐに提供することは容易いことです。でも、それで部下は成長するでしょうか？「お前ならどうする？」の問いかけをし、相手に考えさせることをしてみてください。

そうすることによって、部下なりに考え答えを出す、それをあなたが検討し、どのようにするかを指示してください。部下の答えが的を得ていない、あるいは正しい方法でないなら、どこが悪いかを示してください。なぜダメなのかを理解するでしょう。良ければ取り入れてください。自分の考えを実行するとき、人は生き生きと仕事をするものです。

つい時間を気にして答えを出してしまいがちですが、それでは「考えない」「頼るだけ」の人間をつくりだし、いつまでも〝できる技能者〟の不足に嘆くことになります。作業を考えることは安全をも考えることです。

「悪い報告」も人材育成の機会

あなたのところに部下から報告がありました。それは悪い報告でした。さてどうしていますか？頭ごなしに怒鳴ったり、叱ったりしていませんか？

悪い報告は誰もが聞きたくもないのは承知しています。しかし、悪い報告も取扱いの仕方で、人材育成につながる機会になると受け止めてください。「なぜ?」そうなったのかを必ず聞いて、悪くなった原因を言わせて責任追及は我慢して欲しいのです。責任追及は真の原因を遠く押しやってしまいます。むしろ「なぜ?」を言わせることによって、自分のやり方のどこが拙《つたな》かったのかを部下自身が発見するので、次回からは同じような報告ではなくなります。良い報告なら、復唱させてください。彼は丁寧にどうしたかを報告し、自分を晴れがましく思い、そのやり方を継続してくれるでしょう。

上手に人を育てることは安全な仕事ができる技能者を育てることにつながります。

6 「先行刺激」の影響とは（「プライミング効果」再考）

プライミング効果とは心理学の領域で知られていますが、一般的には言葉としてはあまり知られていません。しかし私たちは無意識に使っていることもあるのです。「先行刺激があとの判断や意識に影響を与える」これがプライミング効果と呼ばれるものです。たとえば、上司や仲間から注意をされるとき、相手が嫌な態度で接してきたり、険しい顔を表したりした後で注意をされると、その注意そのものが気分を害したり、自分にとって敵対するものと感じさせてしまいます。反対にリラックスした態度や、笑顔を見せられた後で受ける注意は自分を大切にして言ってくれた言葉として受け入れます。多くの人がなんとなく対人関係を意識した場合、気を使っていることでしょう。それがプライミング効果なのです。シッカリして欲しい、間違えを繰り返さないで欲しいなど注意をしなければならない時は意外と多いものです。そのとき感情に走らず、怒りを一歩踏み出さずにいてください。せっかくの注意が害とならぬように。

(7) 安全衛生計画の意味

「これならできる」という範囲で

新年度を迎えると、その年の安全衛生計画が発表されます。この計画は「安全衛生大会」の席上で発表されることが多いのですが、発表しただけというケースも少なくはありません。安全衛生の目標や重点施策を「このようにした」その背景には昨年の、あるいは過去の災害・事故といった不具合があり、これを繰り返させない、さらには従業員の命を守る意図が存在したはずです。また自社の安全衛生のレベルを向上するためにつくられたに違いありません。

このことを踏まえて1年間、全ての従業員に浸透して、計画を推し進めることに意味があり、作成したままでは災害を防止できるわけはありません。体裁の良い計画など必要ないのです。実行できる範囲の計画で結構。他社に比べて内容が薄いかどうかを気にすることはありません。むしろ往々にして見掛け倒しの計画は一見すると立派に作られたものが多いと感じています。「これならできる」そう確信して発表された計画は、一度ならず繰り返し伝えてください。また、計画がキチンと遂行されているかをチェックし、滞っている箇所があれば、何故滞ってしまったかを究明し、その原因を排除しましょう。従業員が「会社は本気でやろうとしている」と感じ、作業に反映してもらうには、このような努力なしに計画は完遂できません。真に優れた計画は、過去の事例を検証し、広く意見を求め、集約し、分かりやすいものです。計画にスローガンを取り入れる場合は社内公募を勧めます。そこでは上手・下手をいうのではなく、参加意識こそが目的であることをお忘れなく!!　私たちが遭遇したことのない大不況にあって、あらゆる分野のコストの削減に取り組んでおられると思います。安全もコスト削減の領域から逃れられない状況になってきたかの感がします。今年の安全衛生計画は費用をかけずとも大切な人命を守れる工夫が不可欠です。手順・確認・打合せ、そしてグループごとの安全活動をぜひとも推進してください。

これが良いだろうと手順や方法を作ると、なかなか作り直すことができないことがあります。最初につくった時のエネルギーが大きすぎて、また、あの大変さをクリアしなければならないのかと考えてしまうのです。今のままで様子を見ようと、エネルギー保存本能がささやきます。ここで検証をしてみましょう。そんなにエネルギーを使った安全の手順や方法は、逆に考えると難しいものではなかったか？　シンプルに仕上げてないからではないか？

7 再構築のすすめ

作成にエネルギーを使ったものほど、実際には使いにくく（作業員にとっては、やりづらい）なることが少なくありません。やりやすいものに、見て分かりやすいものにつくり変えていかなければ、誰も守らないか、ごく一部の几帳面な人だけが汗をかきながら手順に沿って仕事をするだけの厄介な存在になっているはずです。

再構築《リストラクチャリング》は、どんなものにも必要な手法だと認識をしてください。その際、その手順

(8)

責任・無責任

や方法を使って仕事をする人たちに、今の手順や方法の、やりにくい所を聞くのがベストです。仕事や安全のルールは何故存在するかを考えたとき、作り手は「やりやすく、安全で、間違いなく」できることを忘れてはなりません。守ってもらえる期待さえも心細いルールは、まさしく「百害あって一利なし」でしかありません。作りっ放しの安全規則が放置されていませんか？　その眠った状態、ホコリを被った厄介ものが、何か不具合が起きると、息を吹き返し「決まりを守らないから発生した！」と作業員を責める根拠となっているケースを再三見てきました。「やりやすいか、安全か、間違いないか？」を常にご覧になってください。安全のハードルを上げすぎて、できないが故の災害を招くことのないよう、作り変えてみたらいかがでしょうか？

「できないものを大切に保存する、危険な考えをしていませんか？」

いつもリストラクチャリングの機会を意識しましょう。

確認行為の落とし穴

1人より2人、せめてあと1人。確認行為はできるだけ複数の人間が行ったほうが見落としや勘違いを防止するために効果があると思っていますが、問題は「誰かがしっかりとした確認をしてくれるだろう」、だから自分は適当でも大丈夫だと手を抜いてしまう気持ちになりやすい危うさがあります。態の良い責任の分散です。確認行為に携わる人間の全てが、こんなふうに考えたとき、複数の人による確認行為の落とし穴にはまってしまいます。一人ひとりが「自分しか確認をしていない」との気持ちを持っていなければ多様化の効果を期待できるどころではなく、むしろ、確認行為に対しての責任感の薄さが確認行為の危うさを増長するのではと思います。何人で行おうとも個々の責任は分散されるものではないことを認識してください。

元来、人は見落としや勘違いをしようとして行動しているわけではなく、正しいやり方をしたいと思っているし、正しく行動をしたいと思っています。しかし最善を尽くしたことでさえも、エラーが発生してしまうものです。ですから確認行為を複数で行い、見落とし・勘違いなどの認識エラーをカバーして欲しいのです。

精神性に訴える危うさ

仕事を命ずるときに、その仕事の完成度や進捗度合いについて具体的な作業方法の指示をハッキリと明示せずに、「しっかりやれ」「気を抜かずにやれ」など作業員の気合（精神性）に目的・目標の完遂を求めていないでしょうか？

人間の精神性に訴えるほど、無責任なものはありません。そのような指示は、指示する側に具体的な目的・目標へのプランが存在していないからだと言われても反証の余地はありません。旧日本軍は、正に精神性で戦争を勝利できるとの無謀な戦いをしました。その結果の悲惨さは今でも語り継がれています。

仕事に精神性を持ち込むのは、安全・施工の両面において事故や災害、不具合を持ち込むのと同じことです。ただ頑張ろうでは懸命ミスや焦りのミスを誘発するのです。管理・監督の立場の方々、論理的・科学的な指示を是非心掛けてください。あなた方の指示に従って作業する人が、仕事を覚え、上達し、生き生きと働けるように。

8 この先行き止まり

建築作業所の安全通路と標識について考えましょう。仮設足場は作業床でもあり、通路でもあって、メインの通路には「安全通路」の標識が設置されていますが、作業員の人たちは安全通路だけを使って移動しているわけではありません。極端な話、全ての仮設足場を使うかもしれません。

作業場所に移動する、作業場所から移動する、そんなとき、その先が行き止まりとなっていたらと考えてみてください。行き止まりに出くわした作業員は、どんな行動をとるでしょうか？　建物に移って目的の場所を目指すか、一旦もと来た通路に戻って違う通路を行くか？　どれを採っても気分のよかろうはずがありません。いままで、「この先行き止まり」の標識が設置された作業所を見たことがありません。なぜ、作業員の立場に立って標識を設置しなかったのでしょう。

安全上のことではないとして、意識が及んでいなかったと思わざるを得ません。作業員の移動は安全上、とても重要なことがらです。あらゆる足場の全てに行き止まりがあるわけではありません。とすれば、行き止まりの標識を設置することは困難を伴わないと思います。ぜひ、作業員の動きを止め、他の行動に移らなくても良いように、「この先行き止まり」

の標識の設置を検討して頂きたいのです。就労初日に死亡、この割合は就労日別の死亡者数で群を抜いて多いことに、注目しましょう。いくつもの理由が挙げられますが、その1つに作業所の不慣れがあろうかと思います。新規入場時教育で安全通路は教えることができますが、どこが行き止まり状態なのかは、おそらく教えていないのではないでしょうか？「親切心」――道路に置かれた標識の意味に、これを感じます。作業所にも親切心を感じさせて欲しいと思うこのごろです。

（9）

作業手順書の作成

最悪のケースを考えて

作業を安全に行うために、現場の第一線で働く人々にとって、作業手順書と危険予知は欠かせないものです。作業手順書は、それに沿って作業を行えば誰もがほぼ同じような順序で作業を行い、作業のポイントとなる急所を知ることにより、「能率よく、やりやすく、安全に」行うことができます。

また作業順序ごとに潜在する危険性や有害性を「この作業をしていて、こんなエラーや道具・機械の不具合があると、こんな災害が発生する」と、洗い出しをすることにより、あらかじめ低減対策をたてて、防止の措置をとることが可能です。

労働災害を分析すると、作業手順の誤りによる災害は極めて多く、作業手順を守らないで作業している現実があります。危険予知は、当日の作業環境や手順書で表しにくい危険の存在を日々、作業前に、自分たち、あるいは自分だけの危険を予知し、作業手順書と同様な災害の洗い出しを行い、災害を防止しようとするものです。これは従来型の危険予知が現場に導入されて長く定着していることから、よく知られています。

どちらも災害の可能性と災害の重篤度の組み合わせで、災害評価をし、危険度（優先度＝リスクレベル）を決定し、低減対策を立てますが、その際、ぜひとも意識して頂かなければならないことがあります。

その作業を、どの程度の知識・技能を持った人が行うかを意識しなければ災害発生の可能性は低いレベルに留まってしまう危険が考えられます。手順書を作成する職長レベルの人は、常に「未熟練の作業員が、この作業を行ったら」を意識して災害の可能性を見積もってください。組織は常に熟練の技能集団ではありません。一番災害に遭いやすいレベルの存在を意識して、可能性は考えなければ意味がないのです。災害の重篤度については、常識の範囲内で最悪のケースを思い浮かべて見積もりをしてください。この程度の作業では、そうそう災害は発生しないとか、たいしたケガなどにならないと作業を軽く見た結果、取り返しのつかない災害が発生しているのです。知識・技能に長けていない作業員の存在と、最悪のケースを考えて作業手順書の見積りと危険予知を行いましょう！

(10) 参加型の作業手順書

作業順序を思いつくままに

労働災害の原因の第一に挙げられるのは、作業手順の誤り。したがって作業手順書が安全作業のために欠かすことのできないものだとは、多くの人が知っています。「誰もが手順書に従って作業を行えば間違いのない仕事ができる」この目的で作業手順書は作成されています。作業から「ムリ・ムダ・ムラ」を排除して、「安全で、能率良く、出来映えの良い」を盛り込んでいます。とはいっても残念なことに、職長さんで作業手順書を作れる人はホンの一握りです。職長教育で作業手順書の作成方法を学んでも、職長になる間に忘れてしまうのか、あるいは職長が作成する仕組みになっていないのか、どちらにせよ作業手順書を作成できる人にはめったにお目にかかりません。

そんな場合、会社で作成することが多いと聞きます。しかし会社で作られた手順書は、間違いはありませんが作業する人にとってやりやすい手順書でしょうか？　人間誰しも、目的・目標が遂げられるのであれば「早く、楽に」を求めるエネルギー保存の本能が働きます。自分たちでは作業手順書が作れない、しかし他の人が作った作業手順書には馴染めない。結果、手順の無視が起こります。会社で作業手順書を作るなら、少なくとも職長を参加させてみたらいかがでしょうか？

月に一度は職長が会社に集まる機会があると思います。そのときに、彼らにある作業をテーマとして、作業順序を話し合ってもらいましょう。テーブルの上にはレコーダーを置き、お茶を飲みながら、勝手に作業の順序を口に出してもらえば良いのです。書いて作ろうとするから作業手順書は難しいのであって、普段、自分たちがしている作業順序を思いつくまま口にするのは容易いことです。作業順序が行ったり来たりしながら、最後には作業区分（ステップ）と呼ばれる手順がまとまります。会社は録音した手順を作業手順として作成すれば、彼らにとって、やりやすく、安全な作業手順書として配布することができます。この方法の一番のウリは、作業者が自ら参加した手順書であり、彼らが納得した手順書であるということです。何カ月かすると、作業に必要な手順書が完備されると思います。自由に話をさせてください。参加型の作業手順書にはフリートーキングが合っています。

(11) 作業手順書をもっと身近に

厚生労働省、建設業労働災害防止協会は継続して、リスクアセスメントの普及に力をいれ、リスクアセスメントを入れた作業手順書を技術者、職長能力向上の講義の中でグループ演習をしてもらっていますが、参加者の出来栄えは決していいとは言えません。課題を用いて行うため、普段、自分がしていない作業ですと戸惑いがあるのかもしれませんが、何故浸透しないのでしょうか？理由として、リスクアセスメント型の作業手順書を教育する際、理屈に重点を置きすぎているのではないかと考えています。危険予知ではリスクアセスメント型はそれなりにできるのに不思議です。危険予知に無く、手順書にあるものといったら「急所」と呼ばれるものだけです。急所を成否・安全・やりやすくを考えて決めるといわれても漠然としすぎていませんか？　むしろ急所とは、その手順での決まり事いわゆるルールと考えて欲しいのです。みんなが目を通し、同じ行動をしてもらうための決まりごとと捉えて、記入してもらえば急所は完成するのです。その作成途中に意見を聞くことも、理解・納得してもらうためには必要ですが。危険性・有害性を考える時、～するとき～して（あるいは～すると）～になる、いわゆるリスクの洗い出しですが、従来の危険予知～するとき～になるに、たった一つ災害に結びつく原因を決め打ち（特定と呼ばれます）し、それを～になる箇所の前に入れ込むだけなのです。何故災害になるのかをイメージし、従来の危険予知の間に書き込むことは難しいでしょうか？　この表現は危険予知では行われているのですから、考え方を同じにしてください。作業手順書は危険予知と違って、手順ごとに「洗い出し」を繰り返し行いますが、手順ごとに危険予知を行った完成系が作業手順書だと思ってください。成果物として完全なものにしなければと思い込み過ぎると、作ることに億劫さをおぼえて書かなくなります。普段の危険予知の連続が作業手順書だと思い、気楽に作ってください。理屈はいりません。ルールを決め、従来の危険予知のなかに、原因となるかもしれない不具合をサンドイッチのように挟み込む、ただそれだけで60％以上完成です。

一つひとつの手順ごとに危険予知を行っていけば必ず作業手順書になると考えて気楽に作ってください。

9　問題の存在

組織を預かる人にとって、悩みの種は尽きません。なんで計画通りに運ばないのか？

安全だけでなくコスト、品質、計画、育成などさまざまなことが思うに任せないと悩んでいないでしょうか？

「どうしよう？」からでは解決の道筋は見えてこないと思いませんか？　「悩み＝困った」ここから前に進めず、堂々巡りを繰り返しているのが悩んでいる状態です。いくら困ったからといって、困っている状況が改善されるわけはありません。が、悩んでいることを止められないのが私たちです。

「問題の存在を認めることは、その幾分かをすでに解決したことに等しい」という言葉があります。単に物事がうまく運ばないことを悩むより、なにが障害として存在しているのかを客観的に捉えることが問題の存在を認めることではないかと考えるのですが……建設業労働災害防止協会の「職長・安全衛生責任者講師養成講座」の講義の際に、改善の手法として、①問題点をつかむ②対策をたてる③実施する④効果の確認をする――これの繰返しがあらゆる改善につながるのですと話しています。効果がなければ①から③のどこかに問題が存在していることになります。いま悩んでいることが些細なことでも①から考えてみませんか？

一番良い方法と採用したことであっても、時が経てばそぐわないものになり、人が代われば適性でなくなり、場所が変われば使えないものになります。これが計画なのだと受け入れてください。そして新たに再構築して欲しいと思うのです。

（12）

危険の認識と使命感

毎日の繰り返しのなかで……

誰もが最初のうちは、自分の仕事に自信がもてません。したがって教えてもらったことをなぞりながら仕事をします。自分にとってやりやすい方法を……などと考えている余裕などないからです。だんだんと仕事を覚えて、慣れてくるにつれて（毎日同じ作業の繰り返しのなかで）最初は怖さがあったのに、怖さがなくなります。と、同時に作業に伴う危険に対する危険の認識が薄れ、あるいは感じなくなっていきます。

災害に遭った人の経験年数で、15年以上の経験者の被災が多いのは、そのためだと思います。指導する立場にありながら、自分の危険については深く考えずに行動するパターンは自分の腕に自信を持っているからでしょう。普段通り仕事をしているつもりでも、なんらかのエラーはどうしても発生します。予測しない結果に人は上手く対応することができません。災害の発生です。

自分の仕事は、どうすれば良いかを知っていながら、思い込みのまま作業してしまう怖さを再認識して欲しいと思います。普段なにもない、「平穏無事に潜む危険」を意識してください。

果たすべきことを果たす

日本人の性格のなかの一つに、律儀があります。約束したこと、期待されていること、それに対して応えてやろうとします。経験を積むほど、あるいは教育指導を受けるほど律儀さとともに、使命感が強くなってきます。どうしても期日までに成し遂げようとか、自分がやらなければという気持ちです。そのような心理状態になったとき、作業そのものにしか意識がありません。危険の存在への意識が、極めて低い心理状態です。仕事に没頭するあまり、危険を忘れて被災することほど悲惨なことはありません。

ただ単に仕事の完成だけが使命ではないのです。どんな状況にあっても安全作業の枠をはみ出さずに、自分の果たすべきことを果たすことが本来の使命であり、そういった使命感を忘れさせないような、日常の指導を管理者の方々は行ってください。あなたが言った「間に合わせろ」が災害の種となり芽となることを意識し、作業の指示をしてください。

10 「褒め方」の原点

どう褒めるかをさまざまな教材が取り上げています。みんなのいるところで褒めなさい。タイミングよく褒めなさいなど。誰もが褒められて気分の悪かろうはずはありません。さらに言葉だけでなく、インセンティブ（ご褒美）として表彰などが、企業、作業所で行われています。作業員として他の見本となったなどが基準でしょう。これらは安全大会などで行われる「褒める」範疇ですが、少し違った褒め方を今回は紹介したいと思います。大げさな褒め方だけがインセンティブとして捉えられ過ぎている風潮がありますが、もっと日常でのインセンティブもあっても悪くないと思います。

例えばヒヤリハット運動。なかなかこの運動は、継続することが難しいと聞きます。なぜならエラーを報告する運動だからです。誰もが自分の犯したエラーを進んで報告するでしょうか？　恥という心理を安全のためだと言い聞かせての運動です。そこで、ある会社はこんなインセンティブを試みました。ヒヤリハット報告書が10枚溜まった作業員に、「ささやかなありがとう」としてわずかな金一封をその達成した日に贈っています。正直者としての「ありがとう」の気持ちと、災害防止に資するデータを提出してくれた「ありがとう」として。また、別な会社は事故・災害を一定期間発生させなかった運転手さんに達成と同時に「ささやかなありがとう」を行っています。達成と日を置かずして、そのことを褒めるという意味で、作業員に張り合いと、運動への参加意欲が認められます。

安全大会で表彰することは大変に名誉あることですが、タイムリーかといえば、そうではありません。そして全員が受賞できるわけでもありません。「同じことを達成したら、平等に褒めること」こそが「褒める」原点ではないでしょうか？

(13)

新たなリスクアセスメント

異なる2つの性質

平成18年4月にリスクアセスメントが導入され、作業所においては職長を中心とした危険予知活動に効果的手法として取り入れられてきました。

従来型の危険予知活動がマンネリ化していたこともあり、危険性・有害性の洗い出しという手法からなる危険予知活動は、建設現場において取り組みやすいリスクアセスメントとして積極的に使われるようになりました。しかし、本来的なリスクアセスメントとは、工事に伴う危険性・有害性および作業を行うのに必要不可欠な作業手順の中に存在する危険性・有害性の「事前評価」であります。

分かりやすくいえば、工事が始まってからリスクアセスメントを行うのではなく、着工前の工事計画の段階で行う安全手法であり、企業活動のなかでの作業手順のなかで行われるべきものであります。このように考えますと、危険予知活動とリスクアセスメントは性質が異なっていることが、分かって頂けるでしょう。

厚生労働省は、リスクアセスメントの実施は、作業の内容を熟知している職長が中心になって行うよう求め、必要な教育を受けるよう規定しました。この流れを受けて、危険予知にもリスクアセスメント手法は導入され、従来型危険予知から大きく発展したことは成果であります。しかし、リスクアセスメント＝危険予知は、本来行うべき工事計画でのリスクアセスメントや、作業手順でのリスクアセスメントを置き去りにしてしまうことにつながりました。

建設業労働災害防止協会は清水の舞台から飛び降りる決意で、リスクアセスメントを工事計画での作業手順に限って行うこととしました。危険予知活動での洗い出し（この作業で、もしかして、ひょっとしたらこんなエラーや不具合が発生し、こんな災害が起こる）そのものは継続されるでしょうが、また継続されることが望ましいと思いますが、今後は新しい気持ちで、工事計画や作業手順のなかでリスクアセスメントを実施してください。

11 でも欠かせない危険予知活動

工事計画や、作業手順書で危険性・有害性等の調査および低減対策を決定し、実行したからといって、全ての危険性や有害性を排除できるかといえば、そうではありません。作業場所、条件、気象等、当日の作業（混在作業も意識して）から考えられる危険性や有害性を「○○作業のなかで、こんなエラーや、使用する機械工具の不具合が生じたら、○○な災害になる」と、洗い出すことは欠かせません。なにより作業員が自分たちの危険性や有害性を自分たちで考え、危険性や有害性に対して、自分たちはどのように危険低減を行うかを決定し行動する場所として危険予知活動は絶対に欠かせないものだと思います。作業する人から考える場所を奪ってはなりません。安全に対する参加意識を、より高めるために日々の安全施工サイクルの一環として一層の推進を図っていきましょう。

12 やめませんか？　一方的な指示

国会中継を見ると、閣僚、官僚の方々が答弁をなさっています。ハッキリ言ってしまうと具合が悪いことでもあるのか、とどのつまり何が結論なのか分かりません。それに比べて落語の世界。熊さん八さんの会話は短くて分かりやすいです。前者も後者も生産性のあるやりとりではないけれど、ストレスを感じさせない分、熊さんたちの小気味のよい会話が楽しめます。振り返って私たちの仕事世界での話。日本語は起承転結あるいは序論、本論、結論をもって会話としています。

しかし日常ではどうでしょうか？　いきなり、結論をもって会話（指示）を行っていませんか？　確かに分かりやすいです。何をしなければならないかはハッキリとしていますから。ただ、なぜそうしなければならないかが分からないのですね。軍事の世界での指揮・命令は「考えさせない」を基にしていました。なにをするかが分かっていればよい世界です。私たちは軍事の世界にはいません。「なぜ？　なんで？」に説明が必要です。「考えさせる世界」これが私たちのいる世界です。

「○○をしなさい」これだけで、人は育っていくのでしょうか？　説明のない指示に人は満足しているのでしょうか？

「忙しくて、丁寧に話をしていられない」のではなく、起承転結、序論・本論・結論で構成される日本語を使いこなせないからではないですか？

忙しいからと言っておられる管理監督者の方々、1分間で自己紹介をなさってみてはいかがです？　自分をいうことがいかに難しいかが分かります。丁寧に説明しないのは忙しいのではなく、難しく面倒だからだと認めましょう。でも指示される人を育てるためには、○○をしなさいの前に、なぜかの理由を忘れずにいってください。一方的な結論・指示の繰り返しでは人は育ちません。

指示される側も考えたい欲求を持った存在であることを忘れないで！

(14)

日本における恥の文化

間違ったらばかにされる……

建設現場において小集団活動が安全作業を確保するための、「安全施工サイクル活動」の欠かせない一翼を担っていることは、周知のことです。最近ではリスクアセスメント手法を使った洗い出し危険予知が浸透しつつあって、小集団活動に一層の期待が寄せられてきました。

作業に伴う危険を見積もり・評価して、低減対策を決定して行動する。それに欠かせないこととして、小集団を構成する全ての作業員が発言することが求められますが、「間違ったらばかにされる……」「子供じみた意見と笑われないか……」「ピント外れといわれないか……」などに代表される「恥をかきはしないか」という意識が強く働き、発言に消極的になってしまう傾向がみられます。

日本は、ほぼ単一民族国家で、周囲を海で囲まれ他国との交流もほとんどない状態のなか、移動ということのない、集落を単位として生活を営んできました。集落での生活を円滑にしなければ極端な話、生活自体そのものが維持できない状態であったように思われます。

集落の慣習に従い、みっともない振舞いをしない。後ろ指を差されないことが、そこで生きていく知恵であり、行動規範であったのです。一言で言い表すならば恥をかくような行動をしないこと、これが日本民族の文化、いわゆる恥の文化となって定着しました。

危険予知に代表される思ったことを何でも口に出さなければならない安全活動は、恥をかきたくない気持ちを捨て去らなければ活発化しません。新たな集落（小集団）では、発言しないことが恥だと思わせてください。

一方で、恥の文化はトンデモナイ行動を引き起こします。

「一人で規則破りをすることはみっともないけれど、みんなで規則を守らないなら、みっともなくない」

集団での規則破りには平然としている、こんな「集団欠陥」を生み出してしまいます。

13 話すことの大切さを

長い生活で定着した恥の文化を、よりよい方向に舵を切ることは、容易ではありません。管理監督層の方々は意見を汲み上げ、話すことの大切さを毎日のように説いてください。

彼らが何を考え、どうしたいのかを知ることが、小集団活動以外にも欠かすことのできないものだと思われます。

(15)

グッドモーニングの意味

日本は躾の文化

私が勤務していた会社で災害が頻発し、施工している専門工事会社のすべての方々に集まっていただき、元請・下請の垣根を取り払って対等な立場での意見交換の場として、ほぼ1カ月にわたって会議を開催しました。そこで専門工事会社の方から「現場の職員は、こちらが挨拶をしても返事をくれない」「パソコンに向かって振り向きもしない」「これでは一緒に安全をする気持ちが薄れてしまう」と指摘を受けました。

元請職員だろうが、職人さんであろうが、先に気がついた人が「おはよう」と挨拶をすることが当然と考えていた当方にとって、きわめてショッキングな指摘でした。日本は躾の文化でもあります。字のとおり、身を美しくが「躾《しつけ》」です。集団生活を成り立たせるために、立ち居振る舞い、挨拶、持戒《じかい》、語り言葉そのすべてを年少のころから厳しく躾られてきた日本人が、個人生活だけを優先しはじめた世代によって変わりつつあります。

建設業は多くの人の集合体で成り立つ産業です。自分の担当じゃないから関係ないと、おはようの挨拶ができないのでは仕事になりません。朝礼での「おはよう」とは意味が違います。無視をされた人の気持ちになれない人が安全施工を唱えたところで、誰が賛同するでしょうか？

14 上司から「おはよう」を

朝、目覚める。人生何十年生きてきても、今日は昨日とは違い、また新しい日なのです。「あ～今朝、また新しい日を迎えることができた。今日をどうやって生きていこう。今日はどんな日になるだろう。今日一日、素晴らしい日にしていこう」その気持ちが「グッドモーニング」ではないでしょうか？　おはようも「おはようございます。今日も明るく元気で一緒に仕事をしていきましょう」の意味だと思うのです。「俺は上司だから部下が先に挨拶をするのが当たり前」などと考えていませんか？　気づいたら挨拶をする。むしろ上司から「おはよう」の声を掛けることが組織を明るく、風通しの良い職場にするのではないでしょうか？　一人ひとりが自らを躾の文化から検証したいと思うのです。とりわけ朝の挨拶は、仕事のスタートなのですから大切にしたいものです。

挨拶は相手の顔を見て、ハッキリと言いましょう！

挨拶をされたら、相手の顔を見ながら明るく返事をしましょう！

(16)

無意識に使う言葉

ごちそうさま……

先日、電車に乗っていたときのこと。高齢の女性が乗ってきました。車内は混雑こそしていませんが、空席はない状況です。すると女子高生が立ち上がり、女性に席を勧めました。気持ちのいい光景で最近の女子高生を見直しましたが、席を勧められた女性の言葉にドキッとするほど驚いてしまいました。彼女は、まだ座る前に「これはどうも、ごちそうさまです」と礼を述べたのです。驚いたのは私だけではない証拠に、周りはシンと静まり返りました。

日本語は約50万語あるといわれていますが、たぶん私など日常会話の1000語程度しか使っていないと思います。その日常会話で毎日使う「ごちそうさま」に、このような使い方があるとは知りませんでした。相手の好意に礼をするとき「すみません」「有難うございます」「申し訳ありません」この程度の言葉が一般的でないかと思います。なかには席を譲られたのは当然のごとく黙って座る礼儀知らずもいて不快な思いもします。それはさておき、彼女の「ごちそうさまです」とはなんと深い感謝の意が感じられるのでしょう。女子高生は自分がした小さな親切が、感動を覚える言葉で返ってくるとは思いもしなかったでしょう。

近頃のテレビ番組ではこんな日本語があるのかと驚かされ、知らないほうが時代に取り残された存在であるかの風潮があります。特にひどいのがバラエティ番組での言葉（日本語として認定されているか不明）です。それに比べ衛生放送では昔の白黒映画を放映していますが、ゆっくりと話し、忘れかけた日本語を使っています。悲しみは悲しみとして見ている側に伝わり、やさしさ、人の温かさも伝わってきます。

日本語には、話したこと以上に相手に伝わる「余情」があるのが特徴とされています。生活で、仕事で皆さんが使っている日本語は、聞き手の記憶になります。わずかな言葉の言い回しで、相手に感謝をされたり、誤解を招いたりしてはいないでしょうか？　電車のなかの出来事で、フトそう思いました。日本は民間が勝手に日本語を造る、言い換えれば、国は日本語に関与しない国で、珍しいとの意見もあります。フランスなどは、言葉をフランス語として良いか悪いかを決定する政府機関があります。日本でいま使われている言葉のどれほどが、将来、辞典に残るでしょうか？　私としては、あまりに短縮された外来語を日本の辞典に日本語として残して欲しくはありません。なぜなら、私たちが知らない素晴らしい言葉が日本にはあるのだから。

仕事のなかで無意識に使う言葉が相手を傷つけていないでしょうか？

15 風鈴の詩に想う

先日、知己の会社にお招きを受けました。その会社は、どちらかといえば地域密着型の建設会社で、さまざまな社会貢献をなさっている会社です。

社長さんは、私は儲けるために誰かが損をする虚業の世界ではなく、みんなが喜ぶものづくりの実業の世界にいることを大切にしたいと述べられました。私は正にわが意を得たりの気持ちになりました。

その話をうかがって、先日、福井県を訪れたときに、風鈴フェアなるものを見て、記憶していた詩を思い出しました。「かすかな風に風鈴が鳴っている、目をつむると、神様あなたが、汗した人のために、氷の浮かんだコップの匙を動かしてをられるのが、聞こえます」杉山平一氏の詩です。

建設の仕事に従事している人のために書かれたような詩であると、その時感じました。建設の仕事はつらい時もあり、思うにまかせず悔しいこともあります。自分たちの苦労が正当に評価されないもどかしさを感じながらも、見知らぬ人を仕事を通して幸せにする仕事です。皆さんが日々働いていることは、そういう意味のある仕事ではないでしょうか？

神が見ておられるかどうかは分かりませんが、体を動かし、額に汗して働く尊さを誰かがきっと見ています――私たちはそうした実業の世界に確実に身をおいているのです。汗をかいたら、どうかこの詩を思い出してください。

(17) 感心しない対策事例の検証

エラーを掘り起こす

災害が発生すると、再発防止対策を検討します。しかし多くの組織では、災害の直前の不安全な行動や状態にばかり目を奪われて、その対策に夢中になっています。その不安全行動・状態の防止でよいのでしょうか？　行動や状態はさまざまな形で発生し、そのどれかが災害の結果としてあることを忘れています。

直前の不安全行動や不安全状態防止のみでは、次の災害は防止できません。なぜ、次に起こるかもしれないエラーを予測しないのでしょう。災害は単一のエラーや不安全な事象だけでは発生しません。その作業で起こりうるエラーをこれでもかというくらい掘り起こして、その対策をたてる必要があります。上っ面の対策など災害防止には、ほとんど期待できないのだと認識しましょう。

「誰が悪い」より「なぜ起きたか」

エラーの発生に起因した状況より、エラーをした、あるいはエラーをさせてしまった人間のみに注目している――。そんなことはありませんか？　エラーが発生した状況（どんな作業のなかで、どんな心理で、どんな環境のなかでなど）は多岐にわたっているにもかかわらず、状況の分析をおろそかにして、人にその原因を求め、責任を追及しがちです。それでは真の原因が見えません。したがって、同じ災害がまた発生します。

「人間は必ずエラーをする」このことは、このシリーズで何度となく伝えてきています。「そのエラーはどんな状況で発生したか」このことを検証しなければ再発防止に全く役立たないと思います。「誰が悪い」より「なぜ起きたか」に力をいれましょう。

16 本当の意味での水平展開

災害防止の報告書作成・提出で災害の嵐が過ぎ去ったとの勘違いをしていませんか？報告書の中で「水平展開をいたします」と記述していませんか？　報告書を作成して提出しても、そこに書かれたことを実行しなければ絵に描いた餅。誰でも知っていることです。しかし本当に実行されているかを考えてください。「水平展開」とは、関係者全てに知らしめて、同様の災害が起きないようにする行動をいいます。一度、伝えれば終わりなどではありません。同じ作業や、似たような状況が行われるときに、必ず繰り返し伝達し、注意を喚起することです。これからは本当の意味での水平展開をしていきましょう。

(18)

健康配慮義務を考える

健診結果と受診通知書を

労働災害が不幸にして発生した場合の「安全配慮義務」の存在がクローズアップされてから随分と年月が経過しました。いまでは多くの人が、その言葉を知っていて、災害防止の諸施策に安全配慮義務を意識したものが反映されるようになりました。

このため「安全配慮義務」とは労働災害を防止するうえで、忘れてはならない義務であります。また不幸にして発生した災害に対しては、その義務がどの程度履行されたかが事業者責任を考えたとき、重要な判断要因となります。このようなことは広く知られていますが、労働衛生面にも「安全配慮義務」が存在し、それは「健康配慮義務」とよばれます。

〈労働安全衛生法第65条の3〉

事業者は、労働者の健康に配慮して、労働者の従事する作業を適切に管理するよう努めなければならない。

〈最高裁判所判例（平成12年3月24日）電通事件〉

労働者が労働日に長時間にわたり業務に従事する状況が継続するなどして、疲労や心理的負荷等が過度に蓄積すると、労働者の心身の健康を損なう危険のあることは周知のところである。労働安全衛生法65条の3は、作業の内容等を特に限定することなく、同法所定の事業者は労働者の健康に配慮して労働者の従事する作業を適切に管理するように努めるべき旨を定めているが、それは、右のような危険が発生するのを防止することも目的とするものと解される。これらのことからすれば、使用者は、その雇用する労働者に従事させる業務を定めてこれを管理するに際し、業務の遂行に伴う疲労や心理的負荷等が過度に蓄積して労働者の心身の健康を損なうことがないよう注意する義務を負う。

普段、私たちが口にする「安全配慮義務」には「健康配慮義務」も含まれていることを理解し、

①健康に関する安全衛生関係法令を遵守し

②従業員の日常の状態から健康状態を把握し

③労働時間管理等を適正にし

④配置、処遇の措置をとり

過労死や心身の障害を防がなければなりません。

単に労働者の健康を考えて残業をやめて早く帰宅するように言ったり、無理な仕事をしないよう

注意することは、日常の生活指導にすぎません。また健康診断の結果、有所見者に対し、再受診を勧めるだけでも十分な健康配慮とはいえません。期間を定め病院と連絡を取り受診ができるようにしなければなりません。

その際、健康診断結果と併せて、受診通知書を有所見者に渡してください。それでも受診しないのであれば、再受診通知書を渡し、これらの一連の書類は保管してください。

(19) 説明が足りていますか?

同等の立場で言える仕組みを

「生産性」と「安全性」2つの両立は大変難しいものです。少しでも隙を見せると離れ離れになりがちです。それぞれの職場で安全に関わっている皆さんも、この2つの調整に頭を悩ませていることと思います。「人」を労働力としてしか捉えないならば、「人」には代替性があるとされましょうが、独立した「個」として考えるならば(一般的には当然そうですが)代わりのあろうはずがありません。ましてや家族の身になればなおさらのことです。その尊い命を預かって作業を進め、労働によっていささかも傷を負わすことがないようにと安全管理をされる方々にとって、問題となるのは「人の身勝手、わがままな性質」ではないでしょうか？

「もう、いい加減疲れました」現場で管理をされる人や、店社で安全を担当される人から、こんな言葉を聞かされます。「設備に不具合のないよう毎日点検を行い、外しっ放しにした手すりなどを、まるでイタチごっこだと感じながらも、その都度補修して歩き、少ない編成でもできるだけのことをしています。でも、ごく一部の心ない作業員の作業方法や安全無視による労働災害の発生は、その頑張りを水泡に帰してしまいます」だからといって現場を投げ出すわけにもいかず、先ほどの言葉となってしまうのでしょう。

行動災害を防ごうとする安全は、教育に求められると思いますが、相手のあることです。思いやりやコミュニケーションが欠くことのできない要素となります。一方的な教育指導は〝押し付け〟だと反発されることはあっても、納得してもらう期待は少ないのではないでしょうか？　店社における安全方針や通達、あるいは運動といったものも、現場で管理をされている人や、作業をしている人たちに「なぜ、そうしなければならないのか？」という説明が、いくぶん欠けているような気持ちがします。トップダウンだけの安全では現場の労働災害を防止することはできません。店社と現場、そしてそこで働く人たちが一体となって考え、行動して安全は確保されるのだろうと考えます。店社は現場の身になって考えてください。現場は働く人の身になって指導し、考えてあげてください。そして働く人は納得し、自らが自分のなすべきことを理解してください。それぞれが今まで以上に「安全のためになにを成すべきか」を同等の立場で物を言える「ミドリのホットライン」をつくりあげ、災害のない職場を現実のものとして欲しいと願っています。

17 「エラー」で済まさない

労働災害が不幸にして発生すると、あれはヒューマンエラーだと言われることがあります。つまりは、人間（この場合は被災者）の行動における失敗や過誤であり、それが災害の原因であるとされます。果たしてエラーが災害の原因でしょうか。たとえば扉を開けようとして押してみます。しかしその扉は引かなければ開きません。これがエラーではないでしょうか？　すなわち「考えと異なった結果・現象」がエラーだと考えられます。意図的な違反行為とは一線を画すべきではないでしょうか？

私たち人間は人間であるがゆえに失敗や過誤を犯しているのであって、失敗をしたいわけではありません。こうすれば上手くいくだろうと考えて、しかし間違えるのです。したがってエラーは当然のごとく発生してしまいます。エラーは確実に起こるのです。労働災害の原因は人間はエラーを起こす、それが分かっていながら、設備・教育・点検・計画・打合せなどのどれか、あるいは複合してずさんであったがためにエラーが労働災害につながってしまうのではないでしょうか？　エラーは単なる結果・現象ととらえ、エラーの出現をなくすか、もしくは出現頻度を低減することが、労働災害の発生を防止することに欠かせないのではないでしょうか？　作業員の責に帰すような「あれはヒューマンエラーだ」では、いつまでたっても災害防止にはなりません。

(20)　組織に潜む危険

災害や事故が発生しますと、その原因究明と同時に責任の所在がどこにあるのかが大半の組織で議論されます。多くは現場の管理者であったり被災した当事者の管理ミス、エラーと判断されますが、果たしてそれだけで良いのでしょうか？　その災害・事故に対して組織にはなにも過誤は無かったのでしょうか？

❶ 変わらない作業手順

事故・災害の管理欠陥のなかで、もっとも多く原因に挙げられるのが「作業手順の誤り」です。本来、作業手順は作業員任せではなく、組織が積極的に関与決定してゆくべき事柄であるため、「管理欠陥」の分類となっています。災害・事故の発生があってから手順を見直す組織は危険な存在です。作業ごとに危険の種類や程度は変わるにもかかわらず、同じ手順だとしたら、危険ではありませんか？　作業手順はオールマイティーの魔法ではありません。また工法が変わってゆけば手順そのものがかわります。作業ごとの、それぞれの手順を何時定められたのでしょうか？　手順の大切さを十分に認識していただき、常に最新のものを労働に従事する人に提供してください。

❷ 作業員不在のなかでの作業方法の決定

実際に作業を行う作業員の意見を聞かないで、作業方法を決定しているとしたら「成否・安全・やりやすさ」をどこで確認されているのでしょうか？　頭で考える机上のやり方は、現場で、大変にやりづらい方法となることが多々あります。その方法がやりづらいと判断されたら、作業員は勝手に修正を加えて作業を行うか、あるいは全く違う作業方法で仕事を行うでしょう。その結果、不具合な事象が発生したとしても、根本には決定方法の誤りがあるのです。危険作業や、間違いを起こしやすい作業（不具合出現率の高い作業）については、実際に作業をしながら、どの方法が一番適した方法なのかを、作業員と一緒に考えてほしいと思います。

❸ 置き去りにされがちな能力向上教育

職長は現場の第一線管理監督者。なのに教育を受講させたきり、面倒をみない組織があります。14時間の職長教育だけで一人前の職長になるわけはありません。新しくなった安全管理手法や、改正された関係法令そのような教育を、通常の向上教育と言っています。そして肝心な理解度チェックがされていなければ、意味をなしません。また、事故・災害の事例を研究させて、同種の事故・災害を防止する教育も臨時に取り入れていかないと、単なるまとめ役でしかありません。また技能向上教育は企業の経営資源の重要な部分である、「人」にかかわる事柄です。技能の劣る組織に発展は無いとの認識のもと、年間スケジュールに教育を盛り込んで取組みを行ってください。

❹ ミッションに本音と建前の存在する組織

組織の目的・目標に本音と建前が存在してしまうと、建前のほうは省略されてしまいます。安全作業こそ絶対だと声高に言っていても、工期や利益を優先して行動する組織は少なくありません。一度、決定した目的・目標は安易に変えてよいものではないことを、全体の意思としてください。

❺ おざなりの点検活動

見る・観る・視るの使いわけをしないで、ザーっと見渡し、あたかも点検をしたかのような活動を是としている組織は、極めて危険な状態にあります。その繰返しで、毎日が安全であるかのような錯覚を安らぎとして受け入れていませんか？　これは全ての組織に多く蔓延《はびこ》って、事故・災害の原因となっています。事故や災害の後の、全作業所の一斉点検などでは、不具合箇所があちこちで指摘されるのは、日常の点検がいい加減であった証拠ではないでしょうか？　不具合が事故事象となって出現するのを防止するのが目的の点検活動だと認識を強く持って行ってください。点検で大切なのは、危険な箇所や、不具合の箇所を災害や事故にならない前に見つけ出し、防止・改善に繋げることなのです。「異常なし」を良しとするのではなく、「異常発見」がでる点検活動にしてください。

❻ コンプライアンスに背をむける

企業に限らず法令遵守は当然のことです。企業はその社会性から、より一層の義務を背負っています。いまだに企業の行動が悪いニュースとして報道されるのは大変に残念なことと言わざるをえません。企業が活動をすることにより、直接的・間接的に影響を与えてしまう人や団体や顧客などステークホルダーと呼ばれる存在があります。その中には工事現場の周辺に住む住民も含まれています。顧客や住民、その他のステークホルダーとの利害バランスをとってゆかなければなりません。どちらか一方を重視することは企業にとって経営の上から具合の悪いこととなります。また企業の社会的責任（CSR）は、その住民や「働く人々」にも及んでいることを、ぜひ認識してください。自社の営利を追求するあまり、これらの存在に背をむけていては、これからの企業はなりたたないのです。

❼ リニューアル・リフォーム工事への心構え

新築工事と異なり、リニューアル・リフォーム工事はその対象となる建物が既に発注者の財物であるということです。したがって工事をするにあたっては、全ての関係者が仕事をその場所でさせて頂いているという意識と、業務なり生活面において御迷惑をかけているという意識を持つことが絶対条件と言えます。したがって施工優先では無く、いかに居住者なり会社を優先するかを考えた施工が求められます。①養生・清掃に手を抜かない、②材料等を通路に置かない、③施工予定表を見やすい場所に掲示する、④エレベーター脇に居住者様最優先の表示を行う、⑤注意標識を作業者と居住者向けとに区別し、居住者向けの注意標識は全て「～をお願いします、～をしないでください」等、です、ます調で表示を行う、⑥プライバシーを絶対に侵害しない（覗かれたといった被害者意識は組織を破壊する）。

❽ めったに起きない……という危機意識

現在の組織では、生産性だけを優先することはありません。生産性と安全性をなんとか両立させようと努力されているはずです。その結果、しばらくはなにも起こらない、つまり安全な作業システムが有効に働いている印象を持つようになります。日々が平穏な状態におかれます。そして安全は徐々におろそかになっていきます。その結果、安全は生産性の陰に隠れてしまいます。これをマンチェスター大学のジェームス・リーズン教授は著書「組織事故」のなかで、「平穏無事に潜む危険」と、書いています。いつか必ず起きるのが災害・事故との危機意識を念頭においた管理を継続してください。

(21) 安全施工サイクル活動の検証(その1)

ほとんどの建設作業所で行われている「安全施工サイクル活動」は、昭和57年に導入されいます。作業に伴う労働災害を防止する上で作業所に欠かせない安全活動とされていますが、毎日行われる「安全施工サイクル活動」が実際にどのように行われているか、問題となる箇所はないかを管理サイドから検証しました。

❶ 朝礼

その日の作業を朝から行う職種の作業員と元請職員にて行われる。施工サイクルの開始。作業前の気持ちから作業にとりかかる切り替えのための集会と位置づけられる。整列をし、点呼(出席したサブコン作業員数の報告)があり、体操が行われ、作業所長等の挨拶があり、元請職員から今日行われる作業の注意事項や、危険箇所の説明がある。作業所によっては職長が司会という形で進行する場合もある。

（検証）

1　整列は整然となっているか？

整列という言葉から、前後左右がまっすぐな状況を思い浮かべるが、なんとなく集まっているだけのような印象を受ける作業所がある。あまりだらしない並び方は参加する意識が薄い印象を受ける。これから作業前の指示や注意事項を聞き逃すまいとは思えない。

2　体操がだらけていないか？　その理由とは？

ラジオ体操の曲に合わせて体操が行われるが、しっかりと体を動かしている人は少なく、漫然と手足を動かしているに過ぎない作業員が多い。作業に取り掛かる前の準備運動であるとの気持ちが、作業員から感じ取れない。

一方、作業員からの声として、安全帯に工具袋を付け、それを装着して体操を行うと重量が嵩《かさ》み、なおかつ工具等は体に当たってちゃんとした体操はできない。しかし元請は安全帯を装着して、朝礼に参加を義務づけている。体操の際には安全帯を外してするのが本来ではないのか？

3　安全指示を聞く

元請からの安全指示は、作業所における混在作業の危険性を知るうえで、大変重要な意味を持っている。俯いていたり、あらぬ方向に目を向けていて指示を聞き逃すまいとの意気込みが感じとれない場面に遭遇することがある。毎日、同じように感じる安全の指示と決めつけず、真剣に聞くことが危険の在り処や、災害防止上、必要だとの認識を持って聞くことが求められる。

❷　安全ミーティング

1　元請指示を伝えているか？

ここから職長と作業員による安全活動が開始される。職長は元請との間で決まった当日の作業内容と、作業に伴って発生する危険・有害なことに対する元請からの指示事項を、作業員全員に伝え、理解したことを確認しなければならない。たとえ、その内容等が前日と同じだからといって、「昨日と同じように」等との伝達はもってのほか。周りの状況は日々変化しているので、「昨日と同じ」等とは決して言わないで、熱意を持って、丁寧に指示を行うよう努めなければならない。

2　職長からの指示は的確か？

職長は、当日の作業内容、作業方法、作業手順、配置に加えて安全の注意事項を指示すると同時に、作業上必要な調整を行う。作業員が判断しなければならないようなアイマイな表現はしないよう注意が必要。

また、上からの一方通行の指示だけに終わってしまっている場合、作業員の安全施工への参加意識は期待できない。作業員の気持ちを汲み上げ、それを形にする工夫をしてこそ、ミーティングの意義があることを認識すること。

❸　危険予知活動

1　結果ＫＹになっていないか？

昭和47年頃から建設業に取り入れられた危険予知が、当初の危険予知活動への取組みから、徐々に形だけの危険予知になったと思われるＫＹ活動が多くの作業所で見受けられる。例えば、高所作業に対して予測される災害は常に「墜落」であり、対策は常に「安全帯使用」となってしまうし、運搬作業であれば、「つまずき転倒」であり、「足元注意」となっている。これでKY活動をしたことになってしまっている。果たして本当に災害をイメージしたのか、対策を真剣に検討したのか疑わしい危険予知がまかり通っている。同種作業を何度も繰り返した結果が、あらかじめ決まった回答しかない結果KYのままでは意味がない。リスクアセスメント型の危険予知導入により、多少は刺激された危険予知活動だが、さまざまな災害をイメージしなければ、いとも簡単に結果KYに逆戻りするおそれがある。

2　現地で危険予知を行っているか？

作業の行われる場所で危険予知を行うことのメリットは、災害を具体的にイメージしやすいことにあり、はなれた場所で危険予知を行った場合は、必要なイメージがつかみにくいもの。必ず作業場所で危険予知を行うこと。

3　危険予知活動を1日1回で終わらせてはいないか？

その日の作業が、場所が変わったり、作業そのものが1つでないときなど、危険予知は、その都度行う必要がある。にもかかわらず1日1回の危険予知で終わらせているグループが存在している。それで安全といえるだろうか？

4　危険予知活動の結果を作業場所に持っていっているか？

朝礼会場に危険予知活動の結果をファイルにいれて掲示している作業所をよく見かける。人間は忘れる動物。故に自分たちが作業で何を危険と捉え、どんな危険回避をするかを、離れた場所に置くことは、危険予知活動の重要性を認識していないと言わざるを得ない。是非、作業場所にボードなり、用紙なりを持っていって、いつでも確認できる状態にしておくことが必要なのではないだろうか？

❹　作業前点検

1　指差し呼称で行っているか

作業開始前に作業場所の安全を確認しなければならないことは、職長教育を受けた人なら知っていなければならないが、実際に行っているかとなると疑問である。たとえば足場、手すりの固定状況を手で触って確認しているだろうか？　作業床の結束や安定を確認しているだろうか？　段差、開口部、作業開始前に確認する場所は多い。ただ単に場所を見渡すだけでは点検とはいえない。指差し呼称で丁寧に点検を行わなければならない。

2　機械器具は大丈夫か?

使用機械器具の始業前点検を行っているだろうか？　使用する機械器具による労働災害を防止するために必ず行わなければならない点検が省かれていないだろうか？　作業を行う人がミスをするかもしれない。そのミスを災害に結び付けないための安全装置が作動しなかったらどうなるか？　点検を怠る側に「大丈夫だろう」との思い込みがあるように思われてならない。チェックリストをもとに必ず点検を行い、記録を保存。チェックリストを用いて行う点検は、自分がチェックした項目のみに留め、チェックしていない（点検していない項目）項目については必ず空白の状態にしなければならない。チェックリストによる点検の怖さは、チェックされた項目は点検がなされたと第三者に思わせてしまうことだ。

(22)　安全施工サイクル活動の検証（その2）

作業中の監督と指導

1　職長は「黙認」していないか？

職長は作業が行われている最中に、作業員が指示に沿った作業方法、あるいは危険予知活動での決定事項を順守しているか、監視しなければなりません。この場合の「監督」とは、指示、決定事項、作業方法から逸脱した行為をしていないかを確認することであって、極めて重大な任務であることを自覚すべきです。「災害可能性＝行っている行動や作業方法が災害に結びつく」について厳しい態度で臨まねばなりません。

「うるさいと思われたくない」などとの理由から黙認してしまう職長は職務を放棄したのと同じです。職長自ら作業を行わなければならない現状で、監督と指導を行うのは容易なことではないのは理解できますが、だからといって求められている職務をしないことを容認するわけにはいきません。

作業員の行動災害を防止するために、監督をしっかりと行いましょう。

2　理解に合わせた速さを意識しているか？

不安全行動のなかには、「知らなかった」あるいは「できなかった」から結果として不安全行動となってしまうことがあります。職長は作業員が作業をしているときに、正しい作業方法、安全な作業方法、能率的な作業方法を教えなければなりません。作業中に行う作業指導ほど効果的なものはないでしょう。

ただし、相手の覚えこむスピードを超えてしまってはいけません。誰もが教える人ほど仕事を知っているわけではなく、教わる人の理解に合わせた速さを意識することが求められます。ポイントを言いながら、自らやってみせ、やらせてみせ、理解できたかを質問しながら確認を行うのです。指導は作業員の技能向上に欠かすことのできない大切なことと考えます。

打合せに沿っているか？

作業員は朝礼での元請からの安全上の指示、職長を中心とした安全ミーティング、それに続く危険予知などを自分の行う作業に反映しますが、ともすると自分の作業に夢中となり、安全を忘れがちです。作業には危険が伴うものが多くあり、それを防止するために施工サイクル活動があり、決定事項があることを忘れてはいけません。「作業手順」は作業が安全に行われるよう作られ、危険予知は、その日の作業からの危険を回避するための活動で、仲間との約束事でもあります。

また、指示された作業以外は絶対に行ってはなりません。指示外作業はたとえ善意に基づく行動であっても、してはいけません。そこには何らの安全対策は存在せず、職長もそのような作業が行われていることを知らないのです。作業は管理監督者の決定で行われなければなりません。判断に迷ったり、作業で危険を感じたら即座に作業を中止し、職長に申し出なければいけません。

「これで間違いないだろう」と自分勝手に判断をしたり「たぶん大丈夫だろう」と作業を進めた結果、被災するケースは少なくないのです。

見落とさない安全巡視を

1　手ぶらで巡視していないか？

元請職員、職長による安全巡視が行われているが、不具合を見つけ出そうとの意識が、あまり感じとれない現場があります。巡視者は設備の不具合や、朝礼での指示の順守状況や安全な作業行動が行われているか、危険予知活動から導き出された作業員の行動目標などが守られているかを巡視すべきなのに、手ぶらで巡視をしているのは理解できません。

設備の不具合は発見することはできても、その他の行動災害を防止するためには、作業員が正しい作業方法で行っているか、あるいは自分たちで決めた危険予知からの行動を行っているかなどを、それぞれの危険予知活動記録を持ちながら巡視をしなければ、危険を指摘できないのではないでしょうか？　巡視に見落としは許されないという気構えをぜひ、持って欲しいものです。

2　進捗状況の確認と勘違いしていないか？

統括安全衛生責任者は日に1回以上の安全巡視を行うことが定められています。この巡視は安全衛生の状況のみを巡視することになっていますが、なかには工事の進捗状況を確認することと勘違いしていることが見受けられます。あるいは工事と安全を同時に巡視しようとしている責任者が存在しています。

統括安全衛生責任者の巡視は労働安全衛生法に職務として定められているとおり、安全衛生の目的で行われなければなりません。その際、作業所全体の安全衛生状態を確認・是正するために、チェックすべき用紙を持って巡視すべきと考えます。単なる巡回となることを避けなければなりません。

(23)

安全施工サイクル活動の検証（その3）

連絡調整・安全指示に漏れはないか？

標準的な安全施工サイクル活動では、午後、翌日に行われる作業に関して統括安全衛生責任者は、各職種の職長を招集して作業の打合せを行い、併せて、作業から予測される労働災害を防止する安全上の指示を行います。建設業の特殊性の一つに混在作業が挙げられますが、これから発生する危険を回避するためには欠かすことのできない連絡調整です。このことは元請・下請を問わず意識していなければなりません。工期に追われてくると、参加すべき職長が不在でも（忙しくて作業優先のため参加できない）打合せを行っている作業所がありますが、大きな安全欠陥だと思います。参加できない職長には「後で決定事項を伝えれば済む」、この考えが出てきたら作業所の安全は危険水域だと認識してください。混在する各作業からどんな危険が潜んでいるか？　どのようにして、その危険を低減・回避するかは、作業を行う職種の職長が参加し、意見を述べ合うことによって初めて有効な方法が見出せるのではないでしょうか？

元請だけが安全を考えるのではなく、第一線管理監督者の職長も主役としてその役割を果たすべきと考えます。職長は作業の連絡調整の際に、自分たちの作業が他職に及ぼす危険を意識しなければなりません。元請からの指示だけの作業連絡調整では効果はさほどないと思います。聞くだけの職長では自分の部下の信頼は得られません。「元請だけに命を委ねない」との気概を持って打合せに臨んでいるでしょうか？

片付け・復旧は行われているか？

週間の安全施工サイクル活動に一斉片付けがあるせいか、毎日の作業終了時の片付けが疎かになっている作業所を見かけます。安全設備が当初の状態から逸脱していても、放置されている作業所に出合うことがあります。「誰かが片付けるだろう」「誰かが気がつけば直すだろう」

自分たちだけが作業をしているわけではない混在作業の欠点といえます。「〝後〟片付け」の意識から脱却すべきではないでしょうか。「後でやる」、その意識が結局のところ作業所が残材だらけとなったり、不安全状態をつくりだしたりしているのです。「〝その場〟片付け」を励行していたら「〝その場〟復旧」をしていたら、作業しやすい安全な作業所に変化するでしょう。

確認行為をしているか？

その日の作業が終わったら、職長は必ず作業場所を見て回り、設備や施錠、火気などの状態を確認しなければなりません。異常があれば元請に速やかに報告。これも職長教育で学習したことですが、行っているでしょうか？　また元請は職長まかせにしていないでしょうか？　両者ともに作業終了後の状態において必要な措置がなされていること、危険な状態がないことを確認しなければなりません。

まとめ　「ノー」と言わせる風土を

安全施工サイクル活動に代わる全員参加型の災害防止の活動はまだありません。したがっていくつかの問題を抱えながらも、安全施工サイクル活動を日々展開していかなければなりません。管理監督者の決定をそのまま作業員に指示するとしたなら、作業員に安全への参加意識は決して生まれてはこないでしょう。

作業員に自分も安全に参加していると意識を持ってもらうために必要なことは、彼らの意見を聞くことであり、取り上げることであると考えます。つまり彼らにノーを言わせる風土をつくることであり、ノーを言わせた意見を反映することです。難しいことではありません。気軽に話し合える職場づくりさえできれば、全員参加の話し合いの場ができ、考える作業集団が生まれるのだと思います。

(24)

誰もが出来るリスクアセスメント型ＫＹ

従来型危険予知

住友金属工業和歌山製鉄所で開始された危険予知活動は、建設作業所での安全施工サイクルの中に導入され、その産声をあげました。それまでは、作業所の管理層から、当日の作業上の注意でしか無かった危険回避指示や、職長からの経験上の注意を受けるといった、いわば上からの注意で作業が開始されていたのです。それに対して作業に携わる作業員みずからが、自分たちの危険を予測し、対策（危険回避）をたて、行動を決定する「危険予知活動」は災害防止の活動として極めて、画期的なものでした。

（導入にあたって）

❶ 危険予知トレーナーの養成：各地の労働災害防止団体は、作業員に対して危険予知の仕組みと、実践についての知識を持つトレーナーの養成教育を実施。

❷ 作業員教育：危険予知トレーナーは、イラスト図を使用し、作業員にイラスト図の中にどんな危険があるかを指摘させ、その危険を回避するための方法を討議させながら、危険予知とは、どのようなものかを理解させた。

❸ 4ラウンド方法：教育や実践のなかで幾つかの手法があったが、一番多く用いられた手法。
1　どんな危険が潜んでいるかを把握して、問題点を指摘させる。
2　出された問題点の原因を絞り込み、整理する。
3　整理した問題点の改善や、対策等をあげさせる。
4　対策等をメンバー同士で討議し、まとめさせ、目標を決定させる。

＊この手法で肝心なのは、①出された意見を批判してはならない、②人の意見にヒントを得て発言する、③完成された意見でなくても、頭に浮かんだままを言葉にする、などの約束事があったことです。これにより作業員からの危険にたいする認識を言葉を介して、みんなが理解しあうことが期待出来たのです。

この4ラウンド法による危険予知活動は全国的に広がりをみせ、今日の作業に有る危険を回避するのに大いに役立ちました。

リスクアセスメント型危険予知の出現

導入してから20余年を経て、従来の危険予知活動に翳りが見えてきました。同じ作業を繰り返す作業員の人に、毎日4ラウンド手法による危険予知への熱気が冷めたとでも言うのでしょうか、同じ回答しか出てこなくなったのです。そして、いつしか「この作業には、この危険、この対策」のようなものが日々繰り返されるようになったのです。既に危険と対策の結果を決めている「結果KY」の出現です。小集団活動の柱であるべき危険予知活動が、そこでは職長が意見を求めたり、討議を行うなどが無くなり、職長が決定し、危険予知シート（安全ミーティング報告書等）に記入し、元請に提出するだけのものになっていました。

リスクアセスメントって！

平成18年4月、労働安全衛生法が改正され「リスクアセスメント」が制定されました。「作業に伴う危険性・有害性の調査」を行うことを定めた法律は、危険予知活動の停滞に頭を悩ませていた建設業にとって朗報と映りました。今まで、単に経験や、勘に頼っていた危険予知が、リスクアセスメントによる災害の可能性、重大性を客観的に評価し、危険度を見積もり、優先度を決定し、低減対策をたてるように変わったからです。

・可能性とは

作業による災害の出現頻度（可能性）のことです。

・重大性とは

作業による災害がもたらす怪我等の重篤度（重大性）のことです。

・評価とは、見積もりとは

可能性と重大性を組み合わせて危険性・有害性を評価し、そのリスクの大きさを決定することです。

・優先度とは

見積もられた危険性・有害性を5段階に分類し、高危険度から低減する順番のことです。

効果的なリスクアセスメント危険予知活動

前述したように従来の危険予知より、客観性を取り入れた危険予知ですが、これを日常の活動で効果的に進めていくためには、幾つかのルール設定が望まれます。

①　**イメージをふくらませよう**：作業を進める過程でどのような危険があるか、どのような障害が存在するか等をイメージし、それがどんな災害に結びつくかを検討してください。なんとなく作業を考えるのでは無く、作業のどこかに必ず危険が存在することを前提に災害の可能性・重大性をイメージしましょう。

②　**作業の現地でやってみよう**：作業する場所で危険予知を行うことは、①で述べたイメージを持つのに大変に効果があります。はなれた場所では、なかなかピンとこない危険も、その場所に立つことによって浮かび上がってきます。

③　**他の作業員を意識しよう**：作業場所によっては他職との混在作業が行われます。こんなときは、自分たちの作業の危険低減だけでなく、他職に及ぼす危険も考慮しましょう。勿論、自分たちが他職の作業から受ける危険も併せて、行動を検討する必要があります。そのために作業間の連絡調整が行われています。他職がどんな作業をどこで行うかを職長は作業員全員に伝えてく

ださい。

④ **みんなが発言しよう**：従来の危険予知が結果ＫＹになった大きな要因として、討議が行われなくなったことが挙げられます。危険性・有害性を探す（洗い出し）のは全員で行ってください。順に発言していくと最後の人は、新しいことを探せなくなり、つい発言をしなくなります。そんなことが起こらぬように、たとえ同じ危険性であったとしても発言したり、発言を促すようにしましょう。

⑤ **安全作業の行動目標を決めよう**：優先度の高い作業内容から、当日の作業行動の目標を決定しましょう。その際、「○○しない」との否定語は絶対に使わないでください。理由は、「しない」との目標では、自分たちは危険低減のためになにをするかを、作業員それぞれが判断しなければならないからです。行動目標は判断を作業員に求めるものにしてはなりません。誰でもわかる具体的な表現にしましょう。

⑥ **災害事例やヒヤリハットを活用する**：管理監督者や職長は過去に起きた災害やヒヤリハットの経験を同種作業が行われる際に作業員に示して活用してください。

もう一度おさらい

「もしかして、この仕事の最中に、こんなエラーをしたら、こんな災害が起こる……かもしれない」

これを毎日、みんなで作業の前にイメージしましょう。

そして

「その災害は、どれくらいの、可能性で起きるだろう?」

「その災害で、どれくらいの、怪我をするだろうか?」を考えてみましょう。

それから

どんなことに気をつけたり、どんな方法をとれば、危険レベルを下げられるかを決めましょう。

リスクアセスメント型のＫＹは誰もが出来る危険予知です!

[著者紹介]

中込 平一郎（なかごめ　へいいちろう）

昭和 20 年 10 月 10 日生。東京都福生市在住

最 終 学 歴　中央大学法学部法律学科卒業

職　　　歴　株式会社淺沼組東京本店　安全・環境管理部長

中込労務安全事務所（平成 18 年開設）

業　界　歴　建設業労働災害防止協会

セーフティエキスパート（16 年 10 月～ 30 年 3 月）

本部・支部、各種講師養成講座講師

全国建設業協会　講習会講師

受　　　章　平成 11 年建設業労働災害防止協会本部功労賞

平成 13 年厚生労働大臣表彰

平成 26 年中央労働災害防止協会緑十字賞（産業安全）

平成 30 年全国建設業協会特別功労賞

資　　　格　建設業労働安全衛生マネジメントシステム評価者

中央労働災害防止協会　RST トレーナー

建設業労働災害防止協会　職長教育講師（リスク対応）、他

建設安全屋の春夏秋冬&季節はずれ

著　　者　中込　平一郎

2019年7月26日　初版

発 行 所　株式会社労働新聞社
　　　　　〒173-0022 東京都板橋区仲町 29－9
　　　　　TEL：03（3956）3151　FAX：03（3956）1611
　　　　　https://www.rodo.co.jp　　　pub@rodo.co.jp
印　　刷　モリモト印刷株式会社
表　　紙　尾﨑　篤史

ISBN978-4-89761-767-1